Roy
DESAPARECIDO

Roy
desaparecido

Lolita Bosch

Roy, desaparecido
Lolita Bosch

Primera edición, mayo 2015

D.R. © 2015 Ediciones B México, S.A. de C.V.
Bradley 52, Anzures DF-115902, México

ISBN 978-607-480-811-7

Impreso en México / Printed in Mexico

Todos los derechos reservados. Bajo las sanciones establecidas en las leyes, queda rigurosamente prohibida, sin autorización escrita de los titulares del Copyright, la reproducción total o parcial de esta obra por cualquier medio o procedimiento, comprendidos la reprografía y el tratamiento informático, así como la distribución de ejemplares mediante alquiler o préstamos públicos.

Para Richi.

—¿Quién es el mayor?
—Yo.

CAPÍTULO I
Así estamos las madres de los desaparecidos

Si se lo preguntara a su mamá, de seguro me diría:
—No hables de mí, habla de Roy.
Y yo, antes de cualquier otra cosa, para hablar de Roy, les diría a todos ustedes que cuando se lo llevaron era un joven como tú, como tú, como él, como tus hermanos, tus amigos, tus vecinos, tus primos: con todo por experimentar, todo por crecer.
Vivo.
—No hables de mí, habla de Roy —de seguro me diría su mamá, Letty Hidalgo.
Porque tú, me dice, sí sabes lo que siento,
en tu sensibilidad sí confío.
Recién le pedí permiso para escribir su historia. Me llamo Paula y soy periodista. Y desde hace meses, ya casi años, quiero escribir la historia de Roy. No sé si puedas soportar el dolor de contarlo todo de nuevo, de soportar mis preguntas, de abrir tu intimidad, de decirlo otra vez y una vez más, le digo a su mamá.
Contigo sí, responde Letty.
Porque tú sí sabes lo que siento,
en tu sensibilidad sí confío.

Y eso me reconforta, me honra, me asusta: Tengo que escuchar bien, preguntar como si no supiera para entenderlo todo de raíz, procesar, contarlo, pensar qué es ser una persona que no soy yo. Quiero escribir cómo es ser una mamá que como Letty ha perdido a un hijo que ama, que teme que pueda estar vivo, tema que pueda estar muerto.

Quiero que la entendamos. Que la queramos. Que nos queramos.

Es importante para todos nosotros y todas nosotras saber qué está ocurriendo, a quién, de qué modo podemos comprender, ayudar, protegernos.

En tu sensibilidad sí confío, me dice Letty.

Porque hoy, en México, es importante dejar esto en claro. Hoy, los familiares de desaparecidos y desaparecidas están siendo tratados como estorbos y se vuelven reticentes. Temen. Se erizan. Se sienten incomprendidos, solos, abandonados por el Estado, por las instituciones, por mí, por ti, por México. Hoy, a los familiares de desaparecidos y desaparecidas les molesta ser confundidos con cifras, con estadísticas, con propaganda electoral. "Nos sentimos sujetas en el viento", me dice María Herrera Magdaleno, mamá michoacana de cuatro hijos desaparecidos (Raúl, Salvador, Gustavo y Luis Armando), "Como una piñata a la que todos ven y todos le dan palos. Así estamos las madres de los desaparecidos". "Nos ven como payasitos de circo", me dice Araceli Rodríguez desde la capital del país. Su hijo Luis Ángel, policía federal, desapareció con seis policías más y un civil (Pedro Alberto, Juan Carlos, Jaime Humberto, Víctor Hugo, Israel Ramón, Bernardo Israel y Sergio), y desde entonces Araceli no ha dejado de buscarlos a pesar de haber hablado con los asesinos de su hijo y haberlos escuchado contar cómo los balearon, los descuartizaron y los disolvieron en ácido. "Lo que quede de ellos", me dice Araceli, "merece cristiana sepultura".

Tú sí sabes lo que siento, en tu sensibilidad sí confío, me dice Letty.

Y esto hoy es un privilegio, porque hay mucha gente asustada, mucha gente que no quiere seguir hablando de lo que le ocurre, mucha gente que está harta del morbo y las intromisiones en las vidas familiares íntimas, privadas, rotas.

Lo que ocurre, les duele. Y a mí me duele contarlo.

Pero es bueno saber, es bueno entender. Porque cada caso es distinto y todos los amores son importantes. Sagrados.

Jorge Verástegui me cuenta que busca a su hermano Antonio y a su sobrino Antonio de Jesús, que desaparecieron en Parras, Coahuila, cuando regresaban de un rezo. Y me dice: "No sé por qué las instituciones del país nos han dejado tan solos. Es una pregunta que no dejo de hacerme"; y me dice también que le molesta "que la vida de los desaparecidos tenga que convertirse en un tema público para que se entienda la justicia que merecen". Y yo lo escucho, lo entiendo, preferiría no tener que preguntar nada. Es otra injusticia que se suma a la que los familiares de los desaparecidos ya vivieron. Pero me llamo Paula, soy periodista y quiero que lo que hoy está ocurriendo, se entienda, se comprenda, se nos contagie, empaticemos, entendamos que éste no es nuestro destino. Que este momento de ahora es cuando México necesita la bondad de todos y cada uno de nosotros. Cada una de nosotras.

—No hables de mí, habla de Roy —de seguro me diría Letty.

Es algo que pedirían todos, todos los familiares de los desaparecidos con los que yo he podido hablar. Y de seguro también casi todos los demás. Por eso es que hoy hablo de un joven al que no conozco como si lo quisiera desde siempre, y lo quiero. Por eso es que me atrevo a contarles que él: Roy Rivera, digo ahorita, le va a los Tigres de Monterrey, tiene predilección por el color amarillo, es hermano de Richi, estudiaba en la Facultad de Filosofía y Letras cuando se lo llevaron y no sabemos nada de él desde entonces. Y digo sabemos, porque Roy nos compete a todos.

A ti,
a ti, a ti, a él,
a tus hermanos,
tus amigos,
tus vecinos,
tus primos.
Nosotros.

Porque como nosotros, hace apenas unos meses Roy lo tenía todo por experimentar, todo por crecer. Estaba vivo.

—No hables de mí, habla de Roy.

Así las mamás y los papás de los desaparecidos en México.

Platicando lentamente la vida de los que se fueron, recordando cada pequeño detalle para mantenerlos vivos, hablando de ellos como si pudieran aparecer en cualquier momento, dar la vuelta en cualquier esquina, tocar la puerta de la casa un sábado en la mañana y sentarse a desayunar en familia.

No en estas familias quebradas que todo el día aguardan regresos, noticias, milagros.

Si no en las familias tal y como las recordamos: las de antes, las familias completas.

José Luis Castillo, papá de Esperanza Castillo Rincón, menor de edad, desaparecida, hace una huelga de hambre en Ciudad Juárez. Con muchos esfuerzos logró reunir tres millones de pesos y los ofrece a quien dé información sobre el paradero de Esperanza. No come desde hace días. Desfallece. Y dice: "Quedó comprobado que mi hija no está muerta ni desaparecida, es víctima de una red de trata de personas, y nadie de aquí nos hace caso". Y es cierto: ninguna autoridad les hace caso.

José Luis no duerme.

José Luis no descansa.

José Luis no deja de pensar dónde está su hija, viva.

José Luis no deja de pensar qué le ocurre a su hija, viva.

José Luis no deja de pensar cómo resistirá su hija, viva.

Si Esperanza tendrá la fuerza suficiente para continuar, viva.

Y ya van varios: papás y mamás de todo el país que se sientan frente a los edificios de las instituciones de gobierno, gritan cuánto quieren a sus hijos, cómo los extrañan, qué punzante es la nostalgia, buscan con desesperación la atención de la ciudadanía, dejan de comer, interpelan a las autoridades, exigen justicia, reparten fotografías, deseos, esperanzas, alientos.

Y nada.

Nada porque la sociedad, me dice Norma Andrade, mamá de Ana Lilia, asesinada en Ciudad Juárez tras su desaparición, "no quiere formar parte de esa minoría que somos nosotros".

Que conste: dijo nosotros. Todos y cada uno de nosotros.

Distrito Federal. Lucía Baca busca a su hijo Alejandro, ingeniero en electrónica en la empresa IBM. Desapareció tras salir de la capital rumbo a Laredo. La última vez que sus papás lo vieron, cerraba la cajuela de su coche rojo. Estaba contento. Se iba de vacaciones.

Veracruz. Nancy Cisneros busca a su hermano Javi, tatuador. Vivían los dos en Los Ángeles, pero estaban visitando a sus familiares en México cuando secuestraron a Javi. Su hermana Nancy abrió una página en internet, reclama la atención de los organismos internacionales, trata de organizar a los familiares de desaparecidos de su municipio, casi no respira, tiene miedo, sigue, busca, olfatea. Se desespera.

Tamaulipas. Mayra Terán busca a su hermano Fernando, estudiante. Postea un cartel en facebook donde trata de describirlo para que todos podamos recordarlo, para que todos lo sigamos queriendo: "Estudiante del Instituto Tecnológico de Nuevo Laredo, trabajador, deportista, buen hijo, buen amigo, católico". Cuando se lo llevaron, Fernando recién había salido de una operación. Su estado era delicado.

Nuevo León. Lourdes Huerta busca a su hijo Kristian Karim, papá de un niño, repartidor de chocolates. Desapareció una mañana con su cuñado, tras avisar a su esposa que habían llegado a su destino con el camión refrigerado del trabajo. En la foto que se distribuye de él y que se puede ver en internet, Karim parece un joven despierto, contento, hermoso. Su mamá Lourdes lo extraña con un dolor que podría convertirse en piedra.

Jalisco. Natividad Guerrero busca a su hija Dalia Guadalupe. Dalia desapareció en Zacatecas junto a su marido y otra pareja. Antes de su silencio, mandaron este último mensaje de texto telefónico a sus familiares: "No podemos decir nada. Recen por nosotros: nuestra vida corre peligro".

Honduras. Ana Enamorado se trasladó hace meses a México para buscar a su hijo Óscar, migrante. Como caminaba él, camina ahorita ella. Ha logrado entrar en lugares insólitos y preguntar por su hijo a personas a las que les tiene miedo. No se rinde. No cesa. Camina.

Canadá. Marie-Josee Tesser busca a su amigo Marc, quien estaba por cruzar a los Estados Unidos con su perrita Maya apenas le entregaran el okey del veterinario para el traslado de su mascota. Los papeles no llegaron a tiempo y Marc decidió esperar a tenerlo todo en orden. No se supo más de él. Ni de Maya.

Francia. Ludivine Barbier busca a su marido Rodolfo, director de orquesta. Se lo llevaron junto con diecisiete familiares en una ocasión en que vacacionaban en el noreste mexicano. Tras pagar lo que les pidieron, doce de los familiares regresaron a sus casas. Faltan cinco: Rodolfo, director de una orquesta en Alemania, es uno de ellos. Los otros son: Rodolfo Cazares Garza, papá de Rodolfo; Rubén Luna Mendoza, su cuñado; y dos de sus tíos: Héctor y Alberto Cazares Garza.

Chiapas. Martha Galván busca a su hija Marisol, regiomontana de 24 años. Sus amigos la llamaban Luna. Desapareció en la comunidad de Roberto Barrios, al sur del país. Y en su norteño Monterrey una comunidad activista, trabajadora y organizada, hacen que si tú buscas a Marisol en el twitter haya muchas entradas reclamando alguna información, mandando mensajes de solidaridad, recompensas, aliento.

Coahuila. Elena Salazar busca a su hijo Hugo. "No sé si cepilla los dientes, si se corta las uñas", me dice. Y me dice también: "Veo a los políticos en sus camionetas y digo que no es justo, siento impotencia cuando me quieren dar 500 pesos. ¿Y mi hijo?, les digo. Siento odio y rencor contra ellos. También siento miedo que con una mano en la cintura me quitaron a un hijo, con la otra me quiten a los otros. Mi vida ya no me importa arriesgarla, pero la de mis hijos sí".

Estado de México. La joven Diana Angélica Castañeda Fuentes, de 14 años de edad, desapareció en Ecatepec. Salió de su casa, caminó hacia un parque del fraccionamiento Héroes Ecatepec y allá fue vista por última vez. Desde entonces no se ha sabido nada más de ella. Su mamá ha colgado carteles en páginas web de los Estados Unidos, quiere saber si alguien la reconoce por allá, si se la llevaron para esclavizarla. Si la venden.

Así los desaparecidos y las desaparecidas en México.

Así los familiares que cuelgan sus teléfonos privados en internet, padecen extorsión y amenazas, han pagado por pitazos falsos, falsas recompensas, falsos secuestros. Hombres y mujeres desesperados a quienes a menudo menosprecian las autoridades, son ninguneados en la televisión y juzgados por nuestra sociedad (*Algo habrán hecho*, dicen. *Seguro en algo andaban*, dicen. *Esto no va conmigo*, dicen. *Mejor que no me cuenten*). Cuando lo cierto es que esta lista infame, terrible y desgarradora de gente de la que ya no se sabe nada, podría seguir y seguir casi para no terminar nunca. ¿Dónde se fueron? ¿Quién los quería? ¿Para qué se los llevaron? ¿Cuántos son? Un activista de la capital me manda una lista que ha recabado en los últimos tres, cuatro años, con la ayuda de cientos de internautas voluntarios: tiene escritos 26,574 nombres de desaparecidos, de desaparecidas, de personas como tú y como yo que hoy ya no están. Aunque son más, muchas, muchísimas más.

¿Para qué sirve un desaparecido?, me pregunta mi colega periodista Daniela Rea. Estamos hablando entre varias compañeras de cómo hacer nuestro trabajo con esta tristeza encima, este miedo. De cómo le hacemos para entender y tratar de contar cada día este dolor que hoy se extiende por México como si fuera una lava y la ciudadanía un brutal volcán que expulsa fuego. Cómo continuar, cómo reportar lo que está ocurriendo, cómo hacerle para no llorar a cada rato. Muchos periodistas le llaman a este periodo *La guerra*. Yo entre ellos. Me llamo Paula, soy periodista y aunque ésta sea una discusión que tengamos a menudo, la verdad, déjenme decirles: no me importa cómo le llamemos a este tiempo tan oscuro. Los números de crímenes son los de una guerra y nuestro miedo, en muchos lugares y momentos, también. Nos estamos matando entre nosotros, como en las guerras civiles. Pero la comunidad internacional dice

que: no,

que si no hay trincheras: no,

que si el enemigo no es claro: no,

que si toda la población no está bajo amenaza: no.

Aunque ésa no sea una discusión que nos importe tanto. La neta es que cuando discutimos sobre cómo llamarle a este periodo tan enloquecido, es cuando ya no soportamos más hablar de los muertos, de los desaparecidos.

Y además, no importa. Porque se llame como se llame, nos duele igual.

¿Por qué no nos derrumbamos?, le pregunto a mis colegas. ¿Cómo le hacemos para seguir? ¿Por qué tanta necedad para contar lo que nos entristece? "Seguimos en esto", me dice mi colega periodista Daniela Rea, "porque esta guerra nos hizo conocer a gente como Letty, que a pesar de todo ese dolor siempre apuesta

por la vida". Seguimos, me dice la periodista Sanjuana Martínez, porque los familiares de los desaparecidos son los verdaderos protagonistas de esta guerra: "gente que no es muy conocida pero que está haciendo cosas increíbles y que nos cambió la vida a todos nosotros".
Que conste: dijo nosotros.
Y dijo también que sus vidas cambiaron las nuestras.

Y con todo y nuestras discusiones, nuestras maneras de pensar, cómo contamos lo que ocurre, nuestra tristeza y nuestra curiosidad, en la familia de Roy nada cambia:
Hace frío en el norte.
Desde hace ya meses Letty no sabe cómo recuperar la calidez. Se siente abrumada, impotente, exhausta. Está triste. Extraña terriblemente a Roy. Y su frío empeora cada que alguien dice: *Seguro en algo andaban. Por eso se los han llevado. Su mamá no lo quiere reconocer. Vete a saber qué hay detrás. No es trigo limpio. Mejor ni te le acerques no vaya a pasarte algo. Al fin ni éramos tan amigos. No los conocíamos tan bien. Que no me cuenten.* Eso, escuchan los familiares: Que cuando se llevan a alguien, es porque tal vez hizo algo. Como si los narcotraficantes, los criminales o las corruptas fuerzas del Estado que trabajan coludidos o a sus órdenes, tuvieran razón con cada uno de sus actos. Razón al matar, al levantar, al torturar, al violar o al vender a un ser humano como si su cuerpo fuera un costal lleno de carne. Como si los criminales fueran la ley. *Seguro en algo andaban* es decir no creo en la democracia, ni en la justicia, ni en los

derechos, ni en el amor, ni en el respeto, ni en la esperanza, ni en la igualdad, ni en México.
    Seguro en algo andaban es rendirnos.
    Perderlo todo.
    Sucumbir.
    Tirar la toalla.
    Y nosotros debemos ser mejores que eso.

Que conste: dije nosotros.
    Todos y cada uno de nosotros.
    Porque juntos, juntas, podemos hacer más. Somos muchas cosas.

CAPíTULO II

#FuerzaRoy

—Háblame tú de él —le pido a Letty—. Dime quién fue.

Porque si sigue vivo, pienso yo, piensa su mamá, pensamos todos nosotros, ya no será el mismo. Por eso, aunque se me haga chiquito el corazón, aunque se me arrugue, le pido a Letty que me hable de su hijo Roy en pasado:

—Háblame tú de él. Dime quién fue.

Quién era Roy antes, cuando nosotros no habíamos escuchado su nombre y Letty lo tenía para ella sola. Con su hermano Richi, su papá, sus abuelos, sus amigos, sus amigas, sus vecinos, sus compañeros de salón. Cuando Roy era Roy y basta. No este Roy desaparecido que hoy buscamos todos.

—Háblame tú de él. Dime quién fue.

Compártenos a tu Roy.

Una de las cosas más difíciles, cuando te enfrentas a escribir sobre el dolor de los demás, es entrometerte en sus vidas como si fueran una novela. Sus casas, sus amores, sus tristezas, sus miedos. Es algo que nunca antes habíamos pensado que deberíamos de hacer con nuestros amigos, nuestros familiares, nuestro mundo. Entrometernos y preguntar. Averiguar cómo es ser alguien que no eres tú.

No en México.

No así.

Hasta que un día sentimos la violencia muy, muy cercana y todos tuvimos la sensación de olerla y quisimos saber por qué había explotado como si fuera un bomba de relojería. Y volteamos a mirarnos los unos a los otros, y nos dimos cuenta que muchos teníamos en nuestras familias, entre nuestros amigos, nuestros compañeros y compañeras, un crimen horrible: levantón, asesinato, desplazamiento, extorsión, robo, asalto, violencias, amenazas, desaparición forzada, colgados, entambados... Palabras nuevas que aprendimos a decir como si antes no las hubiéramos usado tantas veces.

Casi como si fueran palabras que estaban naciendo.

Y fue por eso que nos acercamos a las víctimas de México: para saber cómo estaban, qué necesitaban, en qué las podíamos ayudar. Pero también para que nos hablaran de esas nuevas palabras espantosas y con ellas nos contaran cómo era vivir esta tragedia tan, tan íntimamente. Porque fuera lo que fuera que se avecinaba, las víctimas ya lo estaban viviendo. Las víctimas nos podían ayudar a entender. A ellas ya les había ocurrido.

Sabrían decírnoslo.

Aunque les doliera, sabrían decírnoslo.

Es más: querían.

Nosotros todavía no. Muchos de nosotros ni siquiera queríamos escucharlo, muchos todavía no teníamos aún la fuerza que se necesita para acercarnos a alguien a quien queremos y pedirle que nos cuente cómo le arrebataron a un hijo. Así, impunemente. Por completo y fatídico azar.
—Háblame tú de él. Dime quién fue.
Y se lo pregunto porque quiero saber más de Roy.
Quiero saber más de Letty.
Quiero saber más de México.

Roy Rivera nació el 25 de enero de 1992 y siempre fue tímido y responsable. Consciente, inteligente, cuidadoso, me dice Letty. Tal vez incluso inseguro, me dice. Pensaba muy bien las cosas antes de hacerlas y fallar.
Quizás fue porque lo amamos tanto, me dice.
En el kínder y en la escuela se distinguió con diplomas y dieces, pero le costaba interactuar con los demás. No se apuntaba a las cosas buenas porque era extremadamente cauto, me dice Letty. No aventado, me dice. Pero querendón. No era muy expresivo con la demás gente, me dice, pero con nosotros aquí en la casa era muy abierto, risueño.
Feliz.
Siempre fue un niño adulto.
Estuvo en tres escuelas. El kínder y parte de la primaria lo cursó en un colegio particular bilingüe. Terminó la primaria en otra escuela particular y la secundaria en una escuela de Gobierno. La prepa y la universidad las cursó en la Autónoma de Nuevo León.

Era estudioso y exigente. Aprendió a hablar muy bien el inglés, fluido. Una bendición, decía siempre Letty, no batallar con un niño en la escuela. Solito se sentaba y hacía su tarea.

—¿De todas las materias? —le pregunto.

—Bueno, él es muy analítico —me cuenta su mamá que salta del pasado al presente sin darse cuenta—. Las matemáticas y las ciencias exactas se le daban bien. Pero le costaba lo social. Mamá, me decía, ayúdame a echar rollo.

Letty se ríe y yo también me río: Rollo, decía Roy.

Y eso que cuando todavía estaba en la prepa, fue a una exposición de planes de estudio y al regresar a su casa dijo: Mamá, quiero estudiar ciencias del lenguaje. Letty pensaba que se sentiría atraído por otro tipo de carrera, pero Roy eligió ciencias del lenguaje con especialidad en traducción intérprete. Sabía que tenía facilidad para los idiomas, y para preparase para sus nuevos estudios incluso se inscribió a italiano.

Fuera de la escuela, desde niño, el futbol era su pasión. En la familia paterna todos nadaban: el papá nadaba, el abuelo nadaba y su hermano Richi nadaba. Pero Roy no. Roy aprendió a nadar con dos años y medio pero a él le gustaba el futbol. Estaba en un equipo en Ciudad Deportiva de Monterrey, e iba siempre que podía al estadio. La primera vez que fue, Letty lo llevó. Roy tenía ocho años, Richi seis. Apenas empezaban las barras, y no es que fueran peligrosas pero cuando Letty más quería alejarlo, Roy más se enamoraba de ellas. Hasta los 15 años fue al estadio con su mamá y su hermano y se sentaban los tres juntos cerca de la barra.

Era un gritadero y un desmadre, me dice Letty, pero no era peligroso. Luego Roy ya empezó a ir con sus amigos y Letty dejó de ir a la cancha.

—¿Iba con sus amigos de la escuela? —le pregunto.

—No, con los del barrio. Hasta que comenzó la facultad fue que comenzó a salir con estudiantes que yo ya no conocía —me dice Letty—. Los vine a conocer después.

En las fiestas familiares no bailaba. Pero en la facultad, le contaron sus compañeros a Letty cuando se acercaron a ella tras la desaparición, sí bailaba. Y cuando Letty les repuso que no podía imaginarlo porque Roy era muy serio, su amiga Gaby Castro se rió: ¡Claro que no!, le dijo a Letty. Roy bailaba en las fiestas del salón y era muy chistoso y platicaba siempre con todos.

Letty quiso visualizarlo así. Feliz, con sus amigos, bailando.

Sus nuevos amigos se habían puesto en contacto con Letty para decirle que querían hacer una misa por Roy en la catedral, para rezar por su regreso. Le dijeron cómo irían vestidos y quedaron de verse allá. Los vi tan jovencitos, me dice Letty. Siento tan feo que a su edad tengan que entender estas tristezas, me dice.

—¿Cuál era su comida favorita? —le pregunto a su mamá. Porque cada que Letty se entristece, siento un nudo en la garganta y quisiera ser capaz de encontrar a su hijo yo sola. De ayudarla a pensar en otras cosas. De arrebatarle el fajo pesadísimo de la tristeza.

Pero no lo soy, no lo somos.

Sólo podemos, amorosamente, acompañarla.

—¿Cuál era su comida favorita?

—No tenía gustos muy caros —me cuenta Letty. Y entonces, como hace a cada rato, pasa del pasado al presente, como si Roy estuviera por regresar, como si hubiera bajado un momento a la tienda, como si estuviera pasando el día con unos amigos, como si nadie se lo hubiera llevado—. Le gusta mucho el pavo de Navidad, el pescado y los mariscos... A los dos —se ríe Letty—. ¡Richi y Roy disfrutaban tanto el pescado que se comían hasta los ojos! A Roy también le encanta el cabrito, que es algo raro en un menor. Y toda la comida del norte... Aunque es muy delgado, tiene complexión fuerte. Es flaquito y pareciera que no comía, pero sí comía. Comía mucho y comía bien.

Roy y Richi, me cuenta entonces Letty, son diferentes: físicamente y en su personalidad. Roy es flaquito y fuerte. Su abuela materna le decía mi flaco de oro, como a Agustín Lara. Bueno, me dice Letty, todavía le sigue diciendo. A Richi no. Richi tiene otro cuerpo, es más fornido. A Roy se le hacían rizos, Richi tiene el pelo lacio. Roy es serio y tímido, Richi es más abierto. Roy se parece a Roy padre. Richi es más como yo, me dice Letty.

—¿Tuvo algún animal doméstico? —le pregunto.

—Sí. El primer perrito que tuvimos era de Roy. Se llamaba Spike, por el perro de los Rugrats.

—¿Algún *hobbie*? ¿Algo que le gustara mucho hacer?

—No tanto —me dice Letty—. Él era de casa, salía un ratito y regresaba. Siempre lo recuerdo en su cuarto, escuchando una música muy linda que yo no conocía, tipo Jay C o "Forever Young". Me veía verlo y me decía: Escucha esta canción, mamá. Y así es como lo visualizo siempre: escuchando su música, haciendo la tarea, leyendo.

—¿Revolviste sus cosas cuando se lo llevaron? ¿Encontraste un diario?

—Encontré unas cartas que le enviaba su novia. Las tenía muy dobladas para que no las encontráramos. Eran lindas. Ella lo quería mucho y creo que él también a ella. Eran cartas de amor, con corazones y cosas así. Fotos de los dos juntos.

—¿A ella la has visto después?

—No. Pregunté por ella para ver si podía darnos una información o algo. Pero un poco antes de que sucediera, la familia ya se había cambiado de casa.

Roy iba al cine los miércoles. Leía mucho. Las recomendaciones de la escuela le gustaban. Iba a la feria del libro, buscaba, compraba. Y también aprendía cosas a través de la televisión, me dice Letty. Veía programas que le enseñaban algo, de History Channel y del Discovery Channel. Le gustaba un programa que se llamaba *No le digas a mi madre dónde estoy* que daban en el cable y en el que un francés va a países extraños o peligrosos, me cuenta Letty, como Corea, Irán o Afganistán. Siempre lo veíamos juntos, me dice.

—¿Hacían cosas juntos aunque él ya fuera mayor?

—Sí, regularmente.

—¿Eran amigos? Perdón: ¿todavía lo son?

—Sí, Roy todavía no se despegaba mucho. Apenas acababa de dejar de ser niño. Cuando él tenía diecisiete, todavía andábamos todos juntos. Los domingos íbamos a casa de la abuelita, a misa y a comer en la calle. Por eso nunca le he dejado de decir mi niño.

—¿Qué te contaba?

—Me decía que quería viajar. Ése es uno de los sueños que le rompieron: Quería hacer un intercambio en la universidad. Ahorraba, hacía planes, buscaba información... Aunque eso fue después. Porque la primera vez que le dije que comenzara a investigar para elegir dónde quería ir, me dijo: Mamá, pero ¿cómo me voy a ir si no conozco las calles? Y ahora no se me quita la tristeza que Roy no conozca las calles. Yo sé que Roy va a estar perdido desde el principio, porque no conoce las calles.

—¿Y qué le contestaste cuando te lo dijo por primera vez?

—Le dije: Ya las vas a conocer.

—¿Dónde quería ir?

—Creo que a Italia. Todavía no estaba decidido, pero se había inscrito para empezar a estudiar italiano el siguiente semestre. Le gustaba mucho la facultad, estaba atento, buscaba libros en los Estados Unidos, se preocupaba para hacerlo bien y mejorar. Quería vivir.

Cuando la violencia llegó a Monterrey, me dice Letty, Roy ya se estaba haciendo mayor. Y comenzaba a hacer cosas sin ayuda, sin vigilancia, tal vez sin permiso. Como tú, como yo, como todos. Quería buscar un trabajo, ir solo en camión a la escuela, crecer. Tenía ese derecho.

—¿Te dio miedo que se fuera en camión? —le pregunto a Letty.

—Un poco sí —me dice—, pero nosotros no nos sentíamos parte de la violencia.

—¿Por qué?

—No sé... la sentíamos ajena.
—¿No sabían de ningún caso?
—Pues sí. Yo como maestra veía robos en la escuela y cosas así.
—¿Y no conocían a ningún desaparecido?
—No. Ni siquiera sabíamos que se estaban llevando a los muchachos. Los habíamos visto en las noticias, sí, pero nos parecía un mundo muy lejano. Fue ya luego, cuando nos pasó a nosotros y estuvimos dentro, que entendimos las cosas que estaban pasando en México.

Lee de nuevo: ha dicho en México.

Aquí.

En casa.

Donde Roy quería crecer, como nos sucede a todos, aunque sea un riesgo, para aprender a hacer las cosas solo, sin vigilancia, tal vez sin permiso. Y donde, lamentablemente, a los pocos días de ir solo a la escuela, una mañana, en el transbordo entre un camión y otro, atravesó un puente peatonal y vio cómo asaltaban a otro estudiante: con pistola le robaron su mochila, me dice Letty. Y Roy se quedó atrás de él viendo hasta que reaccionó y regresó corriendo del puente para bajarse, con miedo de que alguno de ellos lo estuviera esperando abajo. Y luego cruzó entre medio de los carros, atravesando una avenida grande, para que no lo asaltaran a él también. Eran las seis de la mañana, todo estaba oscuro, era invierno. Y fue la primera vez que Roy vio un acto violento y sintió miedo de que le pasara algo a él también.

Pero era un joven valiente, quería crecer, no iba a rendirse.

Y no únicamente siguió yendo solo a la escuela, sino que buscó un trabajo, quería ganar su dinero para gastarlo en sus cosas y tal vez ahorrar para comprarse algo que le hiciera mucha ilusión. Así que le dijo a su mamá que a pesar del miedo que había pasado, quería seguir yendo en camión y quería empezar a trabajar. Aunque tuviera que tomar otro camión saliendo de la escuela y transbordar más veces. Porque Roy, como tú y como yo, quería vivir como si el mundo no fuera todo el tiempo un lugar peligroso. Tenía ese derecho. Con cautela, tenía ese derecho. Todos lo tenemos.

Pero el vendaval que se había levantado en México no se detenía.

Lo azotaba todo.

Y así ocurrió que otro día, ya con la violencia acá, me dice Letty, Roy se subió a un camión rumbo a su trabajo y unos rateros los asaltaron a todos. Bueno, me dice Letty, a todos, increíblemente, no. A Roy no le hicieron nada. Cuando un ratero le puso una navaja en el cuello a su compañero de asiento y le arrancaron la cadena, los malandros huyeron a toda prisa sin saber si habían herido al muchacho. Aparentemente, sin que les importara. Y Roy salió ileso. O casi. Fue en ese tiempo, me dice Letty, cuando ya nosotros no usábamos ni cadenas, ni anillos, ni aretes.

Porque así se ordena ahora el tiempo en México: cuando usábamos cadenas y cuando ya no.

Y el compañero de asiento de Roy aquel día todavía llevaba cadena y se la arrancaron con una navaja que le pusieron en el cuello y se llevaron su celular. Y Roy se quedó aturdido por segunda vez en un periodo cortísimo de tiempo y llamó a su mamá y llamó a su abuelita y las dos le dijeron que se bajara del camión: Que no podía seguir su trayecto como si nada, porque así estaba ocurriendo a diario: que la violencia no podía detener una ciudad como Monterrey, que avanza.

—Bájate —le dijeron a Roy su mamá, su abuelita. Y Roy bajó donde le dijeron y caminó hasta casa de su abuelita. Llegó descolorido y llorando. Y su abuelita lo apapachó, lo escuchó, le dio de comer, lo abrazó, le dijo que se acostara un ratito antes de ir a su trabajo y le habló a una vecina para que le fuera a curar el susto. En ese momento llegó Letty y encontró a Roy espantado y a la vecina pasándole unas hierbas. Roy era incrédulo de los ritos y las limpias, pero la abuelita quiso cuidarlo.

Yo no sé por qué pasó esto, me dice Letty.

Siempre tan amado, mi niño, tan bien cuidado, me dice Letty.

Por eso es que Letty le escribió a Roy en una carta virtual que le mandó tiempo después de su desaparición: tú sabes que yo te estoy buscando, tú sabes que no íbamos a abandonarte, tú estás seguro que estamos pendientes de ti. Porque ya era así antes de que desapareciera: Letty ya estaba siempre pendiente de él. Mis dos hijos han sido muy amados, muy cuidados, me dice. Protegidos, me dice. Todos nos preocupábamos de que Roy y Richi estuvieran bien, me dice. Por eso aquella segunda vez que Roy tuvo miedo, su abuelito le prestó una camioneta. Y por eso cuando secuestraron a Roy, se llevaron dos carros: el de la casa y el que el abuelito le había prestado para que fuera a la escuela y al trabajo.

Protegido. Siempre querido. Amado.

Desde entonces, me dice Letty, yo siento que si no lo hago todo, no estoy haciendo nada.
Hacerlo todo o no hacer nada.
Así las cosas en México.

—¿Dónde trabajaba Roy? —le pregunto—¿Cuándo comenzó?
—Quería su dinerito para hacer cosas, para guardar —me dice Letty—, para el futuro.—Y cuando dice futuro, se atraganta un poco—Así que juntos estuvimos viendo opciones y finalmente encontramos un buen lugar en un *call center* que tenía clima y estaba impoluto. Roy debía vestirse con elegancia: nada de pants ni mezclilla ni playeras de algodón. Pero a él le gustaba que fuera así, quería hacerse mayor. Hablaba inglés fluido y tenía buen trato con los demás. Era educado, era atento, era paciente. Amable. Entraba a las 6:00 y salía a las 11:00. Y de ahí, se iba a la universidad. Estaba contento. Cuando lo entrevistaron—me cuenta Letty— yo me senté a escucharlo y me sentí tan orgullosa de su inglés fluido, su disposición, sus ganas...
—¿Cómo lo definirías? ¿Qué destacarías de él? —le pregunto a Letty.
—Roy era, antes que nada, el hermano de Richi — me dice su mamá.
—Es —decimos las dos a la vez. Letty y yo: que trato de entenderla para escribirla y que la entendamos todos, todas nosotras.
Así quiere ella a sus dos hijos. Tan intensa y generosamente.

CAPÍTULO III
Mamá coraje

Mi mamá cambió completamente.
De hecho no creo que la reconozcas, parece como si un velo
le cubriera la cara, se le nota la tristeza a la distancia.
Aunque es una guerrera incansable.

Richi. *Carta a su hermano Roy, desaparecido.*

—A ver, ojetes, ¿cuál de ustedes es Roy? —escucha Letty en el teléfono.

En 1933, cuando Adolf Hitler ganó las elecciones en Alemania y su partido nazi se precipitaba hacia la guerra, el escritor Bertolt Brecht se exilió, justo antes de la catástrofe, y desde la isla sueca de Lindingo escribió una obra de teatro que llevaba por título *Madre coraje*. La obra se estrenó en Zurich, Suiza, en 1941. Pero su protagonista era un personaje de antes: de una novela del siglo XVII que cuenta la historia de una mamá que durante la Guerra de los Treinta Años (1618-1648) ve morir a sus tres hijos. La llaman Madre Coraje, y el suyo es un profundo alegato literario en favor de la paz. Bertolt Brecht, desde el exilio, escribió nueve obras para que su público se indignara y reaccionara a la codicia y las pérdidas irreparables de la guerra. Ésta es una de ellas. Y desde entonces, llamamos Madre Coraje a todas esas mujeres que no se rajan, como Letty. Mujeres fuertes.

Porque no nos quedó de otra, diría ella. Madre Coraje.

—A ver, ojetes, ¿cuál de ustedes es Roy?

Y no les quedó de otra. Es cierto. Pero aún así: hay quienes no se rajan.

Otras muchas mamás y papás de México están terriblemente asustados, sienten las amenazas que reciben por seguir buscando como respiraciones calientes en la nuca, no confían en que nadie los vaya a ayudar, perdieron la esperanza de encontrar a sus familiares, han sido silenciados por autoridades que les compran casas que necesitan, les dan trabajos que necesitan, les pagan pensiones que necesitan. Pero te me callas, les dicen. Y se callan.

Hay mamás y papás, que incluso han sido asesinados por no cejar, por seguir buscando, por amar a sus hijos con tanta, tantísima fuerza.

Con tanta necedad.

Normalmente, tampoco tienen de otra.

La hija de Marisela Escobedo se llamaba Rubí, tenía 16 años y murió en Ciudad Juárez, Chihuahua. Su cuerpo fue calcinado y tirado a un basurero. Su mamá, acusó al novio de su hija y descubrió que estaba en Fresnillo, Zacatecas, donde lo detuvieron y donde confesó el lugar en el que encontrarían los restos de la joven para que Marisela pudiera enterrar a su hija. No obstante, el asesino fue declarado inocente y puesto en libertad. Y aunque Marisela hizo varios actos de protesta, no sirvieron de nada y finalmente se instaló a protestar frente al Palacio de Gobierno de Chihuahua, donde la asesinaron de un balazo en la cabeza.

Sandra Luz buscaba a su hijo Édgar en Sinaloa. Édgar era mensajero de la Procuraduría del Estado. Un grupo armado entró en su casa y se lo llevó a la fuerza. Sandra señaló entonces a dos presuntos responsables. Pero las autoridades dijeron que no habían recibido denuncia. Sandra que sí. Las autoridades que no. Que Édgar en realidad era un secuestrador y un asesino. Sandra que no. Las autoridades que no podían hacer más. Sandra que buscó y buscó y buscó a los presuntos responsables de la desaparición de su hijo y que los siguió hasta Culiacán. Uno de ellos que la reconoce, que se pone una malla negra en la cara, que saca su pistola 9 milímetros y que mata a Sandra en plena calle: 15 balazos, frente a una amiga, bajo el inclemente sol de Sinaloa.

Don Nepo buscaba a su hijo Mario. En las caravanas de familiares de víctimas que organizó el Movimiento por la Paz con Justicia y Dignidad, era de los pocos que lograba hacer reír a los demás. Tenía esperanza. Una alegría que parecía imposible. Era capaz. Y presumía de llamarse Nepomuceno como Juan Rulfo, el escritor, cuyo nombre completo era Juan Nepomuceno Carlos Pérez Rulfo Vizcaíno. Al hijo de Don Nepo, según las investigaciones familiares, se lo llevaron policías de Obregón coludidos con agentes de la Procuraduría del Estado de Sonora. Don Nepo tenía pruebas de que salieron llamadas de la Procu al celular de su hijo horas después de que lo secuestraran. Pero cuando hizo público aquel descubrimiento, comenzó a recibir amenazas. Aun así, nunca dejó de caminar junto a otras víctimas del Movimiento por la Paz con Justicia y Dignidad. En las noches, durante las caravanas, acostaba la pancarta de su hijo junto a él y la cubría con una cobija. Lloraba mucho. Acompañaba a todos. Y a menudo conseguía hacerlos reír. Sabía que corría peligro y le entregó al ex presidente Felipe Calderón Hinojosa el expediente de la desaparición de Mario por si llegaba a ocurrirle algo. Y sí: en noviembre de 2011 lo mataron en Hermosillo, Sonora. Yo estaba con otros periodistas en la Feria del Libro de Guadalajara cuando lo asesinaron. Aquella noche había una cena de personas que escribíamos contra la violencia y nos quedamos mudos, nos abrazamos, brindamos por Don Nepo, por la resistencia, por la fuerza. La esperanza.

Porque aquella, para México, fue una noche tristísima.

—A ver, ojetes, ¿cuál de ustedes es Roy? —escucha Letty en el teléfono.

Pero no se rinde. Luego se sentirá mal de no haberle dicho a Roy cuánto lo adora, pero ahora que escucha en el teléfono *A ver, ojetes, ¿cuál de ustedes es Roy?*, hace lo que los hijos necesitan que hagan sus mamás: no asustarlos, no dejarles sentir que algo va a ir mal (es decir, peor), darles esperanza, hacerlos fuertes. Porque no hay manera posible de saber que ésta iba a ser la última vez que habrán hablado hasta el día de hoy. Por eso Letty hace un esfuerzo descomunal por seguir siendo mamá a pesar de sentirse una mujer rota, y le dice a su hijo mayor que todo va a estar bien, que se calme, que confíe.

Y probablemente eso tranquiliza a Roy más que un grito de amor desesperado.

Porque Letty, desde siempre, lo cuida. Letty, como todos estos otros papás y mamás que buscan a sus hijos, no se deja vencer. Como dirá Richi, su hijo menor, en una carta virtual que le mandará a Roy, su hermano desaparecido, dos años después de su secuestro: "Si supieras a cuantos Alcaldes, delegados, agentes del MP, soldados, marinos, Subdelegados, Jefes de anti secuestros y Ministeriales les ha gritado en su cara, si supieras hasta dónde ha llegado buscándote, si conocieras a sus amigos de lucha incansable, amigos que a pesar de no conocerte se desvelan, viajan, acompañan, ayudan a que regreses con bien. Si supieras el amor que mi madre les tiene...".

Y es con este amor que es Letty, que olfatea, busca, rastrea. Sigue.

Seguimos.

—A ver, ojetes, ¿cuál de ustedes es Roy? —escucha Letty en el teléfono.

—¿Puedes contarme qué paso? ¿Tienes la fuerza? —le pregunto, aunque quisiera no tener que hacerlo.

—Fíjate que sí —me dice—. No sé por qué, pero en verdad me siento fuerte contándote todo esto. Y me interesa que se sepa qué le pasó a Roy. Además, hablando contigo, me transporto a esos días y a esos momentos (Que es como decir: Vuelvo a estar con él).

La noche que secuestraron a Roy, Letty Hidalgo y sus dos hijos, Roy y Richi, cenaron algo que no recuerdan porque lo cenaban a menudo, como si no celebraran nada especial y les pareciera normal estar juntos: frijoles, tortillas, chorizo, huevo. Nada indicaba ningún peligro, nadie estuvo alerta. Y Letty se ha culpado cientos, miles, millones de veces por eso: Por ser como tú y como yo, por vivir con normalidad mientras la vida sigue como si nada grave estuviera a punto de ocurrir. Pero así hacemos todos todo el tiempo. Así es. Y aquel era un día más o menos parecido a otros y Roy había entrado a las 6 de la mañana a trabajar para salir a las 11. Unos minutos después de hablarle a su mamá desde la chamba y decirle: Ya me voy (una frase normal cuando estás al pendiente).

A las 11:30 le marcó de nuevo a Letty. Ahora para avisarle que ya estaba en la casa y que se iba a quedar allá. Era 10 de enero e iniciaba el semestre aquella misma mañana. Pero como el primer día de clases normalmente no hacen nada, Roy decidió esperarse y comenzar el 11. Letty aquel día sí había regresado a las labores como maestra. Y Richi fue a la secundaria con la mamá de unos vecinos que estaban en la misma escuela. Todo estaba tranquilo. Aparentemente normal. Ninguna señal de alarma.

—¿Nada? —le pregunto a Letty.—¿Ni una sensación? ¿Un miedo más punzante de lo habitual a la violencia? ¿No?

—Tal vez sí —me dice Letty.

Recuerda con claridad que como en su escuela estaban regresando de las vacaciones de diciembre, todo el tiempo de descanso sostuvo una larga plática sobre lo que les había ocurrido a algunos alumnos, algunos maestros y algunos vecinos durante la Navidad. Letty recuerda que le contaron anécdotas espantosas: a mi vecino se lo llevaron, a un compañero lo encañonaron, a tal mujer le robaron la camioneta apuntándola frente a sus hijos en pleno día... todo era así. Pero ella recuerda, además, haberlo escuchado como algo que todavía les pasaba a los demás. Algo lejano. Temía hablarlo, sí. Pero no temía que pudiera ocurrirle a ella también.

Todavía no, me dice.

La violencia se les apretujaba como cerco y ya todos los habitantes de Monterrey habían comenzado a silenciar, a sospechar, vigilar con quiénes hablaban. Menos en la escuela, me dice Letty. En la escuela no. En la escuela trabajaba con compañeros a los que conocía desde hacía muchos años y cuando se encontraron tras las vacaciones se dijeron la verdad: que todos sabían de un caso, que olían la violencia como si fuera un campo quemado, que veían el humo casi transparente que esparce con sigilo, que ya no sabían en quién confiar, que tenían miedo.

Que México comenzaba a pudrirse.

Y luego regresaron a sus tareas habituales y a las 3 de la tarde Letty regresó a la casa y se encontró con Roy y con Richi y cada quien hizo lo suyo sin pensar en la violencia ni en las anécdotas ni el miedo. Conscientemente, cuando menos: no. Todo normal, me dice Letty. Ella, por aquel entonces, solía salir a caminar todas las tardes. Y el 10 de enero de 2011, por ahí de las seis, paseó por el parque que había junto a la casa y al rato regresó y ahí estaban sus hijos Roy y Richi y todo parecía normal. Por eso le ha dicho una y otra vez a la policía que Roy no era el objetivo, que hubieran podido llevárselo desde temprano, que estaba en la casa desde las 11:30 de la mañana. Que no iban por él. Porque Roy aquel día no salió más.

A veces sí iba con sus amigos, me dice Letty, los sábados al futbol, los miércoles al cine, bailaba en las fiestas de la facultad, leía, escuchaba música, salía a platicar con sus amigos del barrio... pero ese día no. El 10 de enero de 2011, me dice Letty, ahí estuvo mi Roy todo el día. Y cuando ella regresó de caminar hizo la cena. No recuerda bien qué, pero me dice que probablemente comieron algo sencillo: como huevo con chorizo, frijoles y tortillas de harina. Que vieron la tele. Que platicaron muy rico. Que tenían temas de conversación y charlaban a menudo. Que al rato cada quien se fue a su cuarto. Que hacía frío. Que a la mejor por eso no se les antojó mucho salir. Que era un día que parecía normal, dice Letty. Y nunca, me dice, ni en mis peores pesadillas podía yo suponer que nos iba a pasar *eso*.

Y cuando Letty dice *eso*, se refiere a que: cuando ya estaba cada quien en su cuarto, ya era muy oscuro y ya era la madrugada del 11 de enero, se escucharon sonidos fuertes que provenían de la calle y que se confundían con balazos y los despertaron a los tres. Roy y Richi corrieron al cuarto de su mamá y la encontraron de pie, tratando de descifrar qué cosa se oía. Y luego luego bajaron las escaleras que dan a los cuartos pero subieron apresurados otra vez: Quieren entrar a la casa, dijeron.

—¿Estaban golpeando el portón? —le pregunto a Letty.

—Sí, la chapa del portón. Nos parecieron balazos pero era que estaban rompiendo la cerradura.

—¿Con qué?

—Quizás con un mazo, no sabemos.

Y tampoco supieron qué hacer. Roy y Richi volvieron a bajar en lo que Letty prendía el teléfono, que estaba apagado. Agarraron un cuchillo de cocina, me dice Letty, ¿tú crees? Y se le escapa una mueca de ternura. En lo que el teléfono agarraba señal, Letty salió al balcón de su recámara y gritó (Auxilio. Auxilio). Pero uno de los criminales estaba afuera en la calle y apuntó a Letty desde la banqueta y le gritó: *Métase, señora, métase*. Y Letty se metió al cuarto y entonces vio cómo entraron los demás.

Traían a Roy y a Richi agarrados de las playeras.

—¿Cuántos eran?

—Como diez o doce. Un grupo grande.

—¿Los viste?

—Todos estaban encapuchados, todos traían armas grandotas y como la mitad de ellos iban con chalecos de la Policía de Escobedo.

Los tuvieron sometidos en el piso mientras andaban como pirañas agarrando todo lo de valor que encontraron.

—¿Y ustedes tres pudieron comunicarse?

—No, nada más nos mirábamos. Porque nos tenían, a cada uno, apuntados.

—¿Qué edad tenía Richi?

—16, y Roy 18. Faltaban catorce días para que cumpliera 19.

Lo agarraron todo, todo. Y cuando terminaron se asomó a la recámara de Letty el que parecía el jefe y que era el único que no iba encapuchado. Se detuvo en el quicio de la puerta y uno de los criminales le dio las llaves de las camionetas que estaban ahí en el buró.

—Son unos morros —dijo uno.

—¿Quién es el mayor? —preguntó el jefe.

Y Letty, con la mirada, les suplicó a sus hijos que no contestaran. Sin moverse apenas, rogando. Pero el peligro acechaba. No había nada que hubieran podido impedir.

—¿Quién es el mayor? —preguntó el jefe. Y comenzó a golpear a los muchachos.

—Yo soy —dijo Roy. Porque tuvo miedo que se llevaran a Richi, que como es más robusto parecía el primogénito.

—Por qué —les preguntaba Letty— ¿Por qué nos hacen esto?

Porque nosotros también tenemos familia, porque nos manda el gobierno, porque andamos limpiando las calles, porque ustedes venden droga, le dijeron. No señor, sollozó Letty, no es cierto. Yo trabajo, mi hijo mayor también trabaja y están los dos estudiando. Pero a los malandros no les importó nada. Ni las súplicas, ni el amor, ni el miedo. Y como si una familia fuera un corral de ganado, voltearon la base de madera de la cama y les dijeron: *Métanse ahí*, y le echaron a Letty una cobija en la cara para que no mirara. Por eso no pudo ver cuando se llevaron a Roy.

Yo pensé que ya nos iban a matar, me dice Letty.

Y sólo recuerda que se metieron en la base de la cama volteada. Que se abrazó a Richi. Que comenzó a rezar en voz alta. Que se escucharon gritos de algunos de los hombres que habían entrado: *Vámonos, vámonos, vámonos,* decían. *¡Y no denuncies, hija de la chingada!*, le gritaron mientras se iban. *Si denuncias vamos a regresar a matarlos a todos. No quiero ver por aquí a la puta Marina*, gritaron. Pero Letty no atendía. Letty nada más escuchaba las botas que pisaban fuerte, que corrían, que se alejaron.

Y cuando se habían ido ya no se oyó nada más.

Y entonces Letty se incorporó, corrió al balcón y vio un carro que se alejaba. Y entonces pensó: Ya se fueron, ya terminó. Y entró a la casa y trató de entender qué acababa de ocurrir y lo vio todo tirado y los muebles volteados y la sensación de peligro que se había convertido en un aire pesado y denso.

Pero no consiguió ver a Roy.

—¿Y Roy? —gritó ella.

—¡Roy! —gritó Richi.

Y juntos corrieron al patio y a la alberca y abrieron todas las puertas de todos los armarios y todas las habitaciones de la casa. Pero Roy no estaba. Lo sentían cerca, pero se había ido.

Se lo habían llevado, me dice Letty.

Una bestialidad, me dice Letty.

¿Por qué tanta crueldad? ¿Por qué tanta maldad? ¿Por qué tanto odio?, me pregunta.

Y yo callo unos instantes, la miro, respiro, trato de decirle algo que sea verdad pero sólo puedo responderle con una extrañeza:

—Debe ser inconcebible entender que esto en verdad te ha ocurrido a ti, ¿no?

—Sí. Muchas veces, todavía en estas fechas, hay días que pienso que es una locura, que es falso, que Roy está en la casa. Que me volví loca. Que no puede haber pasado esto... Pero sí pasó, sí nos pasó.

Les pasó a ellos, a nosotros y a México: Roy desapareció. Y Letty y Richi tuvieron que aprender a convivir con su vacío, tuvieron que aprender a pensar que tenía todo el sentido del mundo buscarlo. Tuvieron que combatir la tristeza, la desesperanza y el terror.

—¿Llamaste a la policía?

—Corrí.

Se salieron corriendo, descalzos, en el frío. Letty y Richi salieron a tocarle a una vecina, pero ella no les abrió.

Luego fueron con otros vecinos cuyos hijos eran amigos de Richi y a veces iban juntos a la escuela, y ellos sí les abrieron. Y Letty entró en aquella casa como si se estuviera diluyendo, como si se consumiera, como si con cada bocado de aire tuviera menos tiempo, y pidió el teléfono para llamar a los soldados. Hacía un tiempo que el Ejército estaba en la ciudad de Monterrey e incluso habían colgado panorámicos donde facilitaban sus teléfonos para que la ciudadanía hablara de inmediato si sucedía algo. La violencia era obvia. Las policías estaban infiltradas, pensaban los habitantes de Monterrey. Y sólo les quedaban los soldados.

Todos lo sabíamos, me dice Letty.

Pero nadie recordaba aquellos teléfonos de los espectaculares. Y la familia que les dio cobijo, ni siquiera se atrevió a prender la luz. Estaban aterrados. Todo temblaba como si las paredes, el piso y el cielo se hubieran vuelto de papel y se acabara de levantar un viento sigiloso y eterno.

Yo no reclamo nada a ninguno de mis vecinos, me dice Letty.

Los entiendo, me dice.

Pero entonces no pensé en eso, me dice. En aquel momento únicamente tuve la sensación que todos estábamos actuando como si nos hubiéramos vuelto locos, me dice. Unos buscaban en el directorio con la luz de los celulares para que no los vieran desde la calle, otros vigilaban en la puerta por si regresaban los criminales.

Porque pensábamos que iban a volver y nos iban a llevar a todos, me dice Letty. Que estábamos, definitivamente, perdidos.

Y entonces asomaron por el cabo de la calle dos patrullas de San Nicolás. Aunque nadie los hubiera avisado todavía. Pero llegaron, entraron a la casa, vieron el tiradero y se fueron. La casa de Letty, de Richi y de Roy estaba sin cerrar, todo estaba en desorden y el portón había quedado abierto de par en par.

Los están cuidando a ellos, pensó Letty. No a nosotros.

Porque a nadie le preguntaron nada.

Meses después Letty logró que investigaran a los policías que iban en esas dos patrullas. Revisé la bitácora de sus llamadas, me dice, y no hay registro de ninguna petición de auxilio. Hoy uno de ellos está preso por narcomenudeo, otro está prófugo y otro se dio de baja y nunca lo encontraron. Pero antes de eso, siguieron mucho tiempo como si nada.

—¿Y sí pudiste hablar con los militares ese mismo día?

—No, ese mismo día no.

La familia que les abrió la puerta les dijo: No los busques. Son los mismos. Más vas a tardar tú en denunciar que ellos en saber. Además, decían, siempre los regresan. Van a regresar a Roy. Vas a ver. No se fue para siempre. Roy volverá. Pagarás un rescate y todo esto habrá acabado.

Y así. Así es como nos comenzamos a enterar de lo que estaba pasando, me dice Letty.

—Así se llevaron a fulano pero lo regresaron, nos decían. Así se llevaron también a no sé quien, nos decían. Regresará, regresará. Ten fe y verás, nos decían.

—¿Y si pensaste que te lo iban a regresar?

—Sí. Y, de hecho, al otro día comenzaron las llamadas para pedir rescate. E hicimos todo lo que nos dijeron: les entregamos el dinero en una iglesia cerca de mi casa dos días después, e incluso pude hablar con Roy.

Al día siguiente de que se llevaran a Roy, las llamadas comenzaron desde temprano. Los secuestradores exigían a Letty y su familia medio millón de pesos para regresarles a su hijo. ¿De dónde?, les preguntó Letty. Si no tengo nada, les dijo. Se lo llevaron todo, les dijo. ¿Cómo le hago? Pues no sé cómo le haces tú, la maldijeron, pero queremos ese varo. Y Letty, de inmediato, comenzó a llamar a sus familiares, a pedirles dinero, a contarles lo que había ocurrido. Y los secuestradores que seguían llamando cada hora, cada dos horas: ¿Ya juntaste?, le preguntaban. Porque si no lo vamos a matar, te vamos a mandar su cabeza, le decían. No, no señor, les pedía Letty, ahorita veo cómo le hago.

No lo maten.

—¿Reconociste aquella voz? —le pregunto—. ¿Era la del mismo hombre que entró en tu casa con la cara descubierta?

—Yo creo que sí —me dice Letty—. Aunque en esos días nos llamaban de manera intermitente dos personas. Y todo lo anotamos, todo se lo dimos a la policía para que iniciaran una investigación cuando nos reportamos.

—¿Incluso sus teléfonos?

—Sí, porque eran muy sinvergüenzas. Llamaban sin ocultar sus números ni nada.

—¿Y en dos días juntaste medio millón de pesos?

—No, no... Yo les decía en cuánto iba a medida que iba juntando y al fin quedamos en otra cantidad. Bueno está bien, me dijeron, ya con eso. Y ya en dos horas lo queremos.

Y entonces Letty ser armó de valor y exigió: antes quiero hablar con Roy, necesito saber que está bien, vivo. Ey, le dijeron. Y al rato la llamaron y un muchacho al que no reconoció le dijo: Ya má, estoy bien, nomás me cortaron una oreja, pero dales lo que te pidan, amá. Y luego otro señor le preguntó: ¿Ya lo oíste? No señor, le contestó Letty que para entonces estaba empezando a construir su inquebrantable armadura de Madre Coraje, discúlpeme pero ése no es Roy. Él no habla así. No reconozco esa voz. Por favor, déjeme hablar con mi hijo. Y al rato la volvieron a llamar: A ver tú qué quieres, le preguntó un hombre. Porque ellos siempre le hablaron a Letty de manera grosera y ella siempre les contestó con cautela y educación. Una más de las humillaciones que deben padecer los familiares de los desaparecidos a quienes ningunean las autoridades, los criminales y la sociedad. A ver tú, ora qué, le preguntó el hombre que ella supuso que retenía a su hijo, como si estuviera cansado, aburrido, apático. Ya tenemos la cantidad pactada, le explicó Letty, y ya se la voy a dar. Nomás quiero hablar con Roy. Y luego luego escuchó los pasos del hombre que se movía y voces, e imaginó un cuarto grande porque le pareció percibir un eco mientras el hombre del teléfono preguntó:

—A ver, ojetes, ¿cuál de ustedes es Roy?

Lee de nuevo: A ver, ojetes, ¿cuál de ustedes es Roy?

Y luego escuchó que su hijo contestaba: Yo soy. Yo soy Roy.

Y a pesar del hielo y la escarcha que comenzaba a quebrarla, Letty sujetó el teléfono y el aire y esperó a que del otro lado se lo pasaran a Roy. Y entonces, como ya había recibido una llamada falsa, tenía preparada una pregunta que sólo Roy podía contestar. Aunque Letty ya sabía que sí era él.

—Roy

—Sí, mamá, soy yo.

—Hijito, ¿cuál es la fecha de nacimiento de tu hermanito?

Y Roy se la dio y luego le dijo: Sí mamá, soy yo. Te quiero mucho, mamá. Ayúdame, mamá. Sácame de aquí.

Y cuando Letty me cuenta esto se quiebra y yo me quiebro. Y México entero debería quebrarse también.

—No le alcancé a contestar que yo también lo quería. Y eso me ha dolido tanto —me cuenta Letty— Tanto.

—Él lo sabía —contesto yo. Sabiendo que eso probablemente no sirva. Sólo para que no se sienta hablándole al vacío. Para que sepa que la estamos escuchando, profunda e íntimamente escuchando.

—Claro que lo sabía —dice Letty—. Pero yo no se lo dije. No podía hablar, Paula —me dice—. Sólo balbuceé: ya, ya, le dije, todo va a estar bien.

Lo entiendo, le digo a Letty. Lo entiendo porque:

1) Tú no tenías por qué saber vivir un momento así, no tenías que saber hacerlo mejor.

2) Las mamás siempre calman a sus hijos, les dicen que todo va a estar bien, se hacen cargo de sus miedos y temores.

Probablemente, le digo a Letty, Roy no notó tanta desesperación en su voz y eso lo calmó. Ojalá, responde Letty entre lágrimas. Ojalá, pienso yo también. Imaginando cómo es hablar por última vez con alguien a quien adoras.

—Quizás no le transmití mi desesperación —me dice Letty—No lo había pensado así.

—La verdad —le digo—, no puedo imaginar lo que vivieron, pero probablemente sí conseguiste inspirarle cierta confianza a Roy. Una llamada desesperada le hubiera dado tal vez más miedo. Pero si le preguntaste una fecha y le dijiste que todo iba a estar bien, probablemente él tuvo la sensación que estabas resolviendo cosas. Que, en verdad, todo iba a ir bien.

—Sí —me responde Letty.

Porque quiere que eso sea verdad.

Y yo también quiero.

Y ojalá tú también, ahora que si ya llegaste hasta acá debes

querer más a Roy,
te debes de querer más a ti,
a nosotros,
a México.

CAPÍTULO IV
Mamá detective

Es irreparable.
Para nosotros no existe la justicia.

Letty Hidalgo, *mamá de Richi y de Roy.*

—Roy.
—Sí, mamá, soy yo.
—Hijito, ¿cuál es la fecha de nacimiento de tu hermanito?
—(Tal día).
—¡Roy!
—Te quiero mucho, mamá. Ayúdame, mamá.
—Ya mijo, ya, todo va a estar bien.
—Sácame de aquí.
Y entonces el mismo hombre que había llamado a Letty le arrebató el teléfono a Roy y se burló de ella, de ellos, de todos nosotros: Ay sí, le dijo, cuándo es el cumpleaños de tu hermanito, le dijo, te quiero mucho mijo, le dijo. Basta por favor, le pidió Letty, dígame dónde lo voy a ver para entregarle el dinero. En la iglesia cerca de

su casa, respondió el secuestrador. En dos horas. Verás una camioneta y ahí les das una mochila con el varo. Y así sucedió: El papá de Roy, la mamá de Roy y su hermano Richi fueron juntos hasta aquella iglesia que a Letty hoy le hace pensar en un estómago vacío y una piedra volcánica. Véanme, les dijo Letty cuando se alejó del coche. No me vayan a llevar a mí. Pero no se muevan de aquí, quédense aquí lejos, les dijo también. Que no los vean a ustedes. Y Letty caminó sola hasta la puerta de la iglesia. Con una bolsa y dentro la mochila y dentro el dinero que había conseguido reunir para pagar la vida de su hijo. Su libertad. Como si algo tan inmenso tuviera precio. Aunque en aquel momento ella no pensó en eso. Ella no pensó en la vulgaridad de ponerle precio a las vidas ajenas como si fueran cuentas en un ábaco estúpido y cruel. Ella sólo esperó la camioneta, la vio llegar, trató de no mirar a los ojos del tipo que abrió a la puerta y escuchó que le preguntaron:

—¿Me va a entregar algo?
—Sí.

Y le dio la bolsa y el tipo cerró la puerta y sin decir una palabra más, se fueron. Y Letty y su familia se fueron también: a la casa, a esperar a Roy. Pero cuando ya hacía un par de horas que esperaban, casi seguros que Roy iba a aparecer en cualquier momento, que todo iba a volver a ser como antes muy pronto, que Roy se recuperaría y lograrían curarlo con paciencia y con amor, el teléfono sonó de nuevo para de nuevo gritarle: ¿Por qué no ha llevado las cosas? Sí las llevé, repuso Letty sorprendida, de ahí vengo. Ah, exclamó el secuestrador, ¡tú eres la otra!

Lee de nuevo: Ah, ¡tú eres la otra!

Porque a varios nos traían así, me dice Letty. Y le supliqué, me dice Letty: Dígame por favor dónde está Roy, señor. Ahorita te llamo, respondió él. Por favor señor, le rogó Letty. Por favor... Pero colgaron.

Ah, tú eres la otra, le resonó a Letty en su cabeza durante unos instantes.

Para ellos: otra más. Porque ellos no pensaban que Letty se estaba resquebrajando, que no tenía aire, que se ahogaba, que tenía la espantosa sensación de que la realidad se había convertido en una cúpula estrecha y pegajosa y que por mucho que gritara nadie iba a escucharla nunca más. Letty sólo esperaba.

Pero no volvieron a llamar.

Esta tarde los papás de Letty ya estaban en la casa. Eran mayores y habían querido esconderles lo que estaba sucediendo pero no pudieron ocultarlo más. Y así pasaron aquella noche, todos juntos, despiertos. Hasta que a las seis de la mañana Letty ya no aguantó más: Yo les voy a hablar, decidió. Y les marcó al mismo número desde donde la habían llamado: Oiga, les dijo, estoy esperando que me digan dónde recoger a Roy, ya entregamos el dinero, ya cumplí con mi parte, falta que usted cumpla con la suya. Ah sí, le dice un hombre, tú te has portado muy bien, ahorita te llamo, ahorita te digo. ¿De verdad señor?, le preguntó. Sí, le contestó el hombre, palabra de Alejandro Fernández del Cártel del Golfo.

Y no volvieron a llamarla ni contestaron al teléfono nunca más.

Y esa cúpula pegajosa engulló a Letty, que se quedó esperando, sin nada, paralizada, sin salir de casa, atónita. Con sus papás, el papá de sus hijos, Richi, el vacío de Roy. Los vecinos llegaban a dejarles comida. Pero ellos no se movían. Se instalaron todos en la sala e hicieron guardia para esperar. Para rezar. Para acompañarse.

Y así pasaron tres semanas.

Hasta que algunos familiares le insistieron, nuevamente, a Letty:

—Tienes que ir a ver a las autoridades —como le habían dicho una vez y otra.

Pero ella estaba aterrada, no sabía cómo elegir qué era mejor, qué les convenía a ellos, que protegía más a Roy. Dudaba, temía, esperaba, elucubraba e inventaba posibles desenlaces. No razonaba nada. Se repetía las cosas, no hablaba, se convirtió en un nudo sin lenguaje y rabiosamente enmarañado, resquebrajado, roto:

—No —les contestaba a sus familiares—, no puedo hacerlo. Ustedes no saben cómo están las cosas aquí en Monterrey.

Tres semanas de nada. De quietud. De ser un menhir, una presa de agua que se seca, una estatua congelada que ve como una roca se cae y cierra, finalmente, la única rendija por la que entraba el aire a una cueva. Tres semanas en el suelo de una sala, con la familia más cercana, los colchones tirados en el piso, sin atreverse a separarse los unos de los otros, sin resistencia, sin fuerza ni valentía ni nada.

Las tres primeras semanas de mamá Letty sin su hijo Roy.

Hasta que Madre Coraje reaccionó. Como un resorte. Y entonces no se detuvo más.

A los días llegó una prima a cuidarlos: les cocinaba, estaba con ellos, solucionaba las cosas prácticas que día a día había que librar y le trajo, además, una carta de un primo de ambas: Letty, tienes que ir a denunciar, le decía su primo. Si no lo haces, nadie está buscando a Roy. Ve a las autoridades, le decía su primo. Tienes que decirle que se llevaron a Roy, le decía. No te quedes en la casa esperando.

Y eso, me dice Letty, fue lo que finalmente me hizo abrir los ojos. Y fui.

La policía son ellos, sabía Letty, pero igual tenía que ir. Mi primo me hizo recapacitar, me dice. Ve con el general (tal) de la Séptima Zona Militar, le dijo su primo, yo hice el contacto con él y él te va a recibir. Y fui.

—¿Y sí te recibió el señor?

—No, claro que no. Nosotros creíamos que nos iba a recibir el General y todo. Pero acercarte a la zona militar es tremendo y entrar es muy, muy difícil. Casi casi una prueba. Y eso me pareció bien porque ninguna institución lo hace. Pero, con todo, fue demasiado difícil. Y aún así, ese día, lo logramos: entramos. Y nos llevaron por dentro del campo militar en un camioncito que acercaba a los visitantes cada que alguien quería ir y encontraba el modo de entrar. Porque no éramos nosotros solos. Eran cientos de familias, Paula. Cientos... Ya luego me di cuenta. En ese momento no me percaté.

—¿Tenían un espacio de atención a víctimas?

—No, pero con el tiempo lo tuvieron que hacer. Pero cuando llegamos ese día, como todavía no estaba, les dijimos que queríamos hablar con el General. Y nos dijeron: ¿Qué? ¿Usted, con el General? Es que traemos tal contacto de tal persona. ¿Qué se les ofrece?, me preguntaron. Y como mi mamá ese día me había regalado una libretita (y me dijo: en esta libretita apuntas todo), yo comencé a hablar, ahí en un pasillo, de pie... Creíamos que iba a ser rápido, que cuando nos pusiéramos en contacto con los militares, ya todo se iba a solucionar.

—¿Y qué apuntaste?

—Lo primero: El nombre de la persona que nos recibió ese día y su cargo. Y a partir de entonces, lo apunté todo, todo, todo. Ya llevo siete libretas.

Nos apartaron tantito de la gente y ahí parados: nos pasó esto y esto, le dijo Letty. Y le preguntó al militar que los atendía: ¿Y en su experiencia, a qué se debió *eso*? Y él le respondió: Así están actuando las bandas de policías. Y no crea, le dijo, que son policías retirados ni jubilados, son policías activos. Así como lo está diciendo por el armamento y la organización, le dijo, no me cabe la menor duda.

—¿Tú sabías que México fuera tan, tan, tan impune? —le pregunto.

—No, tanto no. Sí sabíamos, pero nunca me imaginé el grado de la impunidad. Y lo que nunca, nunca me imaginé fue el grado de ineptitud. Lo que a nosotros se nos ocurría rápidamente, al parecer a ellos nunca se les ocurre... o la misma corrupción hace que no se les ocurra.

—¿Ni sirven, ni saben hacerlo, ni les interesa?

—Todo eso junto. Es un batido.

—¿El ejército fue mejor, al principio?

—Sí, fueron los primeros en recibirnos y formalmente nos atendieron. Aunque no nos atendiera el General porque nunca pudimos llegar a él. Pero como sea, sí nos pusieron atención. Nos pidieron datos y fotografías, nos dijeron que lo iban a boletinar y que iban a estar atentos. Porque en ese tiempo, Paula, rescataban a muchos secuestrados.

—Sí, y en grupos.

—Sí, aquí en Nuevo León por esos días rescataron a diez secuestrados. Y pues ahí pusimos la esperanza... Y así pasaron dos semanas más y no nos avisaron de nada. Y nosotros, atentos, pensando que en cualquier momento íbamos a tener noticias.

Hasta que la volvió a llamar su primo y le dijo: Tú muévete, ve a preguntar, estate al pendiente. Es que no los quiero interrumpir, le contestó Letty. Han de estar trabajando, le dijo. Y ahora cuando me lo cuenta se sonroja al recordar que pudo llegar a pensar las cosas así. Ahora le parece extremadamente ingenuo. Aunque no debería ser así.

No debería ser así.

Y Letty regresó y no, nada nuevo. Las mismas fotos, las mismas explicaciones, todo igual. Pero en esa segunda ocasión Letty les llevó además las facturas de los tres teléfonos que se habían llevado los criminales de su casa el día que se llevaron a Roy.

—Porque los tres teléfonos iban con factura —me dice—. Así que les llevé la lista de llamadas que habían hecho: todos los números a los que habían llamado después del 11 de enero.

—¿Y cuando les preguntaste cómo iba la investigación qué te decían?

—Que: No hemos encontrado nada. ¿Pero qué han buscado?, les pregunté yo. Bueno, me contestaron, es que nosotros no tenemos aquí equipo para buscar. Usted díganos una idea o denos una idea y nosotros vamos... ¿¡Pero cómo puedo yo saber donde están!? Bueno, me dijo el militar que nos atendía, lo que usted puede hacer es contratar el GPS. ¿Cómo?, les pregunté. Va a la compañía y ahí le dicen.

Letty sabía que los teléfonos estaban funcionando por las facturas que les llegaban. Y siguiendo las instrucciones del ejército se fue a la compañía a contratar el GPS de los tres teléfonos. No había nada más que pudieran hacer, esto les había dicho el ejército: contraten el GPS y averigüen desde dónde se hacen las llamadas. Ustedes háganlo, le dijeron. No tenemos equipo, le dijeron. Que es como decir: es su hijo, muévase usted porque sólo a usted le importa.

Y ese mismo día activaron el GPS.

Y luego, me dice Letty, empezamos a entenderle y a rastrear. Y todos los días, me dice (bueno, ella me dice: toooooooooooodos los días), íbamos a la Séptima Zona a enseñarle a ese militar lo que sacábamos del GPS: las rutas, las fotografías que sacamos con el google maps, los lugares. Todos los días, dice. A veces lo encontrábamos y a veces no, me dice. Pero todos los días íbamos allá mi Richi y yo y nos esperábamos a que apareciera el señor. No nos movíamos de allá hasta verlo. Toooooooooooodos los días, dice de nuevo. Pero lo dice como si le pareciera un abuso tener que insistir tanto, no como si estuviera a punto de rendirse por tanto obstáculo. Letty no cesa en su empeño de buscar a Roy. Hagan lo que hagan todos los militares de México.

Ella qué se va a cansar, si lo extraña tanto. Si lo ama tanto. Si piensa a rato cómo sería verlo regresar, qué le diría, cómo lo cuidaría, cuánto cuantísimo quisiera, más que nada, darle un abrazo, decirle cuánto lo adora, qué falta les hace. Ella qué se va a cansar.

Apenas dormían.

De noche, de madrugada, cuando amanecía: a todas horas ella y Richi rastreaban el GPS. Cuando menos, me dice Letty, no dormíamos bien. Nos turnábamos. Y así veían todo el tiempo cómo se movían sus teléfonos en la pantalla de la computadora e imaginaban qué podía estar sucediendo y si lo seguían usando los captores de Roy y si él estaba, vivo, con ellos. Y a cada nuevo movimiento, lo iban a reportar. Y esperaban al militar horas y horas frente a la Séptima Zona si les decían que no estaba. Esperaban a verlo entrar, verlo salir, y luego luego le daban todos los datos que habían conseguido rescatar de la *compu* como si fueran pescadores furtivos. Hasta que un día el militar le dijo: Ya nos dio luz verde el General para ir a este punto (un punto donde ya tenía varios días de estar las luces del GPS en mi compu, me dice Letty).

Vamos a ir, le dijeron a Letty.

Y sí fueron y luego la llamaron un mediodía y le dijeron: Señora ya fuimos, rescatamos a tres, capturamos a tres secuestradores, encontramos cinco autos robados, encontramos un arsenal y encontramos cartuchos, pero no encontramos a Roy. Ahí no estaba. Váyase a la PGR, le dijeron.

—¿Pudiste hablar con los chavos que habían rescatado?

—Sí, me dijo: Váyase a la PGR que ahí están. Busque al delegado (tal), ya le dimos su nombre y le dijimos que va para allá. Vaya y trate de hablar con los rescatados.

Y Letty fue. Los rescatados y los secuestradores estaban en exámenes médicos y ella se sentó a esperar, con Richi. Siempre con Richi. Hasta que fueron las 8 de la mañana y le dijeron que no la iban a dejar entrar (ni a mí ni a ninguno de nosotros, me dice, porque para ese entonces ya estábamos varias familias allá). Y una mujer del Ministerio Público le pidió una foto de Roy y supuestamente, me dice Letty: supuestamente, les fue a preguntar.

Pero a mí, constar, no me consta, me dice.

No, les dijo la Ministerio Público, los secuestradores no quieren hablar y lo único que nos dijeron los secuestrados es que estaban en un lugar con más de quince personas, que todos estaban vendados de los ojos y que por eso no podían reconocer ninguna fotografía. Y tampoco pudieron reconocer ningún nombre, me dice Letty, porque les hablaban por números.

—Qué impresión, qué impresión... —le digo yo, cuando Letty se detiene a coger aire.

—¿Tú crees todo lo que hemos conocido? —me pregunta—. ¿Todo lo que ha visto mi hijo Richi? ¿Todo lo que hemos sabido?

(Silencio)

—A ti te debe dar la sensación que la gente vive en un mundo distinto que tú, ¿no? —le pregunto a Letty.
—Totalmente. Yo ahora reconozco el mundo en el que yo vivía antes. Pero con todo esto que ahora sabemos, entramos a las entrañas de un monstruo.
—(Silencio) ¿Y eso no es suficiente para que la gente se vuelque a ayudarlos?
—(Silencio) Tienen miedo, Paula.
—¿Tú crees que es por miedo?
—Sí.

Lo único que se me ocurrió al principio fue buscar todas las respuestas en la computadora, me dice Letty. Porque antes, siempre que había querido saber algo, se lo había preguntado a la compu, me dice. Antes mi compu lo sabía todo. Por eso después que se llevaran a Roy y ella recibió una carta de su primo y reaccionó, pasó horas viéndola: día y noche. Casi hablaba con ella con la esperanza que la compu se los contestara todo: siempre que había querido saber algo la compu le había dado la respuesta, y ahora hasta la zarandeaba preguntándole: ¿Dónde está Roy? ¡Dime dónde está!
Quiero a mi niño en casa.
Y así fue que empezó a montar una estrategia para hacer una investigación y juntar datos. Por intuición, por desesperación, por amor. Así encontré a la gente que se mueve por la guerra, contra la guerra, me dice Letty, gente que se une para detener tanto, tanto dolor. Gente que está trabajando por la paz. Así encontró los grupos de desaparecidos en Monterrey y le dijo

a su hijo Richi: Debemos aprender de esto, saber cómo se trabaja, empaparnos de lo que encontremos para construir la paz.

Letty ya era Mamá Detective y necesitó aprender a inventarse recursos, todo el tiempo, para que nadie la obligue ya más a parar.

Para que Mama Detective siga encontrando modos de no rendirse.

—¿Has descubierto cosas que te sirvan en lo práctico? —le pregunto.

—Oh sí —responde Letty, cargada de fuerza, de dignidad, de esperanza—. Sobre todo al principio. Por ejemplo, yo no sabía usar el GPS de un teléfono ni mapearlo en la computadora, ni seguir una ruta para ver. Y eso fue lo primerito que hicimos. Realmente nos sentíamos investigadores porque luego de verlo en la compu nos trepábamos al carro e íbamos a ver esas calles y esos lugares. Y todo eso yo se lo entregué a la policía, a los soldados, a la estatal, a la federal... Si nosotros lo sabíamos hacer y lo pudimos hacer sin más equipo que la compu y nuestros carros, ¿por qué ellos no?

—¿Ustedes reseguían la calle buscando qué?

—Lo que encontráramos: Roy, unas personas, un carro sospechoso... La señal que nos indicaba el GPS de Roy...

—Seguías el rastro de su teléfono

—Sí.

Mamá Detective siguió durante varias semanas el rastro del GPS de Roy hasta que se detuvo en un cerro de pobreza, muy visible para los habitantes de Monterrey, muy invisible para los turistas y visitantes esporádicos de la ciudad. Porque ahí termina el rastro de Roy, me dice Letty. En la punta de lo que se conoce como el cerro La Campana. Un cerro que se fue poblando sin servicios, con hambre, sin oportunidades, sin nada. Y donde con el tiempo se fueron instalando algunos servicios básicos aunque hoy, me dice, La Campana sigue siendo un cinturón de pobreza, de miseria. ¿Y por qué no decirlo?, se lamenta Letty: de delincuencia.

Cuando veo el cerro en la noche, me dice, está iluminado y parece un nacimiento, me dice. Pero todos nosotros sabemos que ahí ocurren cosas muy conflictivas.

Y fue justo ahí donde terminó el rastro que el GPS les dio de Roy.

Eran las 7 de la mañana del 12 de marzo de 2011, dos meses después que se lo llevaron. Letty y Richi estaban a esa hora viendo la ruta del teléfono en la computadora para tomar las fotografías que podían sacar de los mapas y llevarlas a las autoridades para que hicieran algo. La televisión estaba prendida, porque Mamá Detective y su hijo Richi querían estar al tanto de todo: desde que había desaparecido Roy vivían con la tele prendida, la computadora prendida, las luces prendidas, el corazón en la boca. A las 7 en punto, en las noticias, vieron que las autoridades desplegaron la llamada Operación Rastrillo: unas ocho o diez patrullas y camionetas granaderas subieron al cerro de La Campana con elementos federales de la Marina. Letty lo vio en la tele mientras sujetaba el aliento con la esperanza que no se apagara durante la operación el GPS que les decía todo el tiempo dónde estaba (prendido también) el celular de Roy. Veía en la televisión que las patrullas se acercaban al puntito que señalaba el GPS en el mapa del cerro de La Campana que veía en Google Maps.

Sostuvo el aire,
le apretó la mano a Richi,
rezó.

Si las patrullas llegaban a la marca exacta del celular (prendido) de Roy, podía terminarse todo, pensó.

Y rezó de nuevo.

El día anterior, en Monterrey habían muerto cuatro personas. Dos días después morirían asesinados por el ejército cuatro presuntos secuestradores. Cuatro días más tarde, el 17 de marzo, era asesinada uno de los escoltas de la alcaldesa del vecino municipio de Escobedo. Pero Letty ya no sabría reaccionar a eso. Letty ya no viviría con el estupor que provocó la ola de violencia extrema que azotaría la ciudad ese año y los años por venir. El dolor la había imbuido y todo le parecía roto.

Ustedes se han de acordar: fue al día siguiente del terremoto que provocó un tsunami frente a las costas de Japón que alcanzó olas de más de 40 metros de altura. Duró seis minutos y se convirtió en el quinto terremoto más fuerte de la historia de la humanidad. Su intensidad provocaría la erupción de un volcán y el debilitamiento y altísimo riesgo de contaminación de diversas centrales nucleares. Pueblos enteros fueron evacuados. La fuerza brutal de la naturaleza alteró el eje terrestre en diez centímetros, acortó los días en 1.8 microsegundos y desplazó la asiática Isla de Honshu 2.4 metros. Murieron cientos de personas de veinte nacionalidades distintas. Pero a Letty, desde este Monterrey, este México, todo aquello le parecía una reacción. Una catástrofe. La absoluta alteración de todos los ejes que hasta entonces la habían hecho sentir, a ella y a su familia, segura, viva, lúcida.

Ahora, que ya estaba exhausta.

Dos días antes, en Libia se librara una guerra espantosa y la Liga Árabe le pedía a la ONU que se estableciera la exclusión aérea para evitar nuevos bombardeos, mercenarios, armas. Se han de acordar.

Tres días antes, un autocar de pasajeros chocó contra un tráiler en la ciudad de Nueva York y murieron trece personas. A Mel Gibson se le declaró culpable de agredir a su pareja y fue condenado a tres años de libertad condicional. Se celebraba la efeméride de los atentados de Al Qaeda contra los pasajeros de dos trenes de la española ciudad de Madrid. Había sido San Benito, San Pionio y San Tomás. Y también Santa Áurea.

Seguro se acuerdan. Tienen que.

Ustedes sí, Letty no.

Letty apenas durmió aquella noche como apenas durmió todas y cada una de las noches que el celular de Roy tuvo señal de GPS y podían mapear desde la casa su ubicación. Se turnaban con Richi para estar atentos. No descansaban. Olfateaban, como si fueran apaches. Hasta que llegaron las 7 de la mañana del 12 de marzo de 2011 y Letty vio con una tensión de hierro cómo en la televisión las patrullas subían a lo alto del cerro de La Campana: Operación Rastrillo. Se dirigían exactamente al lugar en el que la compu emitía una señal intermitente: antes, cuando el celular de Roy estaba prendido.

Él podía estar allá, me dice Letty.

Y nos latía el corazón tan fuerte que creíamos que se nos salía, me dice.

Ya, pensó. Ahorita van a capturar a alguien y van a rescatar a Roy.

Porque de donde está la señal, cerca debe estar Roy.

La computadora ubicaba el teléfono de Roy en unas bodegas con techos de láminas que están en lo alto del cerro. Como tres, me dice Letty. Y estacionados afuera unos diez o doce carros de reciente modelo. No se veían viejitos, me dice Letty. Se veían carros buenos.

Ahí, me dice. Donde estaba la señal.

Por eso es que a las 7 de la mañana del 12 de marzo de 2011 Letty Hidalgo y su hijo Richi, se emocionaron, sintieron una esperanza inmensa. Creían que ya iban a encontrar a Roy, que las patrullas que en la televisión se podía seguir en directo se dirigían exactamente donde la compu indicaba, con insistencia, que estaba el teléfono de Roy. Pensaron que ya lo iban a rescatar. Que pronto volvería a casa. Que todo se iba a terminar. Que la familia lograría, finalmente, superar el espantoso trauma que parecía un agujero negro e infinito.

Y mientras: esperaron, tomaron fotos de la señal, pasaron horas, calcularon cuánto tiempo era necesario para que las patrullas fueran y volvieran, rezaron, desearon con todas sus fuerzas que todo saliera bien. Hasta que, brutalmente y para siempre, se apagó la señal del teléfono de Roy.

Lean de nuevo: Se apagó la señal del teléfono de Roy.

Y eso lo cambiaba todo.

Por primera vez desde que se lo habían llevado, el

celular de Roy dejó de emitir una señal de localización en el mapeo del GPS de la compu.

Tres bodegas grandes, techo de lámina, diez carros nuevos.

Vieron llegar a la policía en la televisión y en ese momento se apagó el teléfono de Roy en la compu. Antes lograron sacar fotos e informes del lugar exacto desde el que mandaba señales intermitentes, insistentes, desesperadas. Pero a las 10 de la mañana, y para siempre, brutalmente se apagó.

Fue entonces que Letty pensó: ya, ya, ya los agarraron, ya rescataron a Roy. Y no pudo esperar a que nadie los avisara. Querían que todo fuera más rápido, que Roy supiera que estaban esperándolo, sujetados al hilo rojo del amor que nada quiebra. Y Letty y su hijo Richi corrieron a la delegación de la Policía Estatal a preguntar. Eran las 10 de la mañana, la hora en que se había apagado el teléfono de Roy. Y Letty y Richi se metieron a la delegación, nadie los detuvo, llegaron con el jefe y Letty preguntó:

—¿Dónde está Roy? ¿Qué pasó con la Operación Rastrillo?

—No encontramos nada.

Así: No encontramos nada.

Letty les mostraba las fotos, la lucecita verde que le había parecido el suspiro insistente de la vida que habían reseguido en la compu, la señal que ya no estaba. Pero nada. Letty quiso saber a quién vieron, qué se habían encontrado:

—Nada. No encontramos nada.

Nada.

CAPÍTULO V
Fuerzas unidas por nuestros desaparecidos

—¿Están muy cansados de que su intimidad sea un tema de debate público?

—A veces es agobiante, pero nada más con la gente que no lo sabe tratar, que nos pregunta por preguntar y sin ninguna otra intención; que no es algo que nos pase seguido. Casi siempre que hablamos es con gente como tú, que tiene la sensibilidad y la preocupación por nosotros para poder hacer algo. Y así como están ustedes, estamos nosotros: en la mejor disposición, aunque nos duela. El dolor siempre lo traemos, nosotros lloramos aunque no estemos hablando.

—¿Cómo te ayuda estar en un grupo de familiares de desaparecidos?

Juntarnos, para nosotros, es como un apoyo, como un alivio. Nos identificamos mucho porque ya no podemos estar con otra gente que no nos entienda, que no sepa realmente lo que estamos pasando. Además, siempre queremos estar haciendo algo, porque si no nos consumiríamos en la tristeza. El día que no hacemos algo sabemos que nadie más lo está haciendo.

—¿Entre más públicos sean sus casos, más se van a esforzar las autoridades?

—Sí, ésa es la sensación que tenemos. También sabemos que les molesta, sabemos que puede ser un poco peligroso para nosotros, pero no nos queda de otra.

—¿Qué has hecho para encontrar a tu hijo?

—¡Di más bien qué no hemos hecho!

—¿Y cómo te tratan las autoridades cada que vas?

—Mal. Apenas nos miran. Pareciera que no nos conocieran.

Porque cuando Letty iba e iba y preguntaba y preguntaba, nadie le daba razón, nadie le decía nada, nomás: siéntese aquí y ahorita vemos. Y entonces entendió que así: no. Que las autoridades no iban a asumir ese dolor como propio y que ella debía empezar a ver a la gente responsable de encontrar a su hijo como gente normal y ya. No como si tuvieran más capacidad para buscarlo. De hecho, me dice Letty, muchas veces, me dice Letty, incluso son más ineptos que mucha gente normal que conocemos. Y así fue que comenzamos a tratarlos distinto, me dice. Con el respeto que merecen todas las personas, me dice, pero enfrentándolos con las preguntas y por la verdad.

La verdad nos respalda, me dice Letty. Y contra eso no pueden hacer mucho.

Intentan, me dice. Pero no lo logran.

Y eso fue lo primero que aprendieron: a verlos normales, humanos. Gente a quienes la palabra autoridad, me dice Letty, les queda muy grande. Y que cuando comenzaron sus búsquedas, les decían que no: que no tenían nada, que no sabían nada, que regresaran a sus casas, que esperaran, que tuvieran fe... Por eso los familiares, que habían encontrado las pruebas para seguir, decidieron investigar ellos mismos.

Porque ya habían entendido que era eso o nada.

Yo misma, me dice Letty, repartía las fotografías a todos los agentes y los agentes permanecían sentados.

Porque esto, entendió, tendremos que hacerlo nosotros.

—¿Y cómo comenzar? —le pregunto— ¿Por dónde se empieza en un país como México, tan grande, con tantos niveles de poder, tantos cárteles e instituciones, a buscar el rastro de tu hijo?

—Repasando todo una y otra vez.

—Y a día de hoy debes haber repasado el secuestro y los días que le siguieron ya miles de veces, ¿no? Como si buscaras algo que se te escapó.

—Sí, así es. Por eso me torturo: ¿Cómo pude no darme cuenta? De seguro alguien nos estaba viendo y observando. No alguien, sino varios. Y cuando me siento culpable y me quiero torturar, todavía me pregunto por qué no lo vi.

—Pero fue totalmente aleatorio, ¿no?

—Yo digo que sí. Pero lo raro, lo duro, es que cuando luego supe de otros casos de la colonia, los que habían regresado y los que no (que son cuatro), a nadie se lo hicieron en su casa. Sólo a nosotros.

—Claro... entiendo que debes buscarle una lógica. Pero parecería que no la tiene. Que no hay una explicación. ¿No crees?

—No, no la hay. Lo que a veces pienso es que ellos creían que iban a encontrar más objetos de valor de los que encontraron. Mi casa es como muchas otras casas de allá. Lo único inusual, tal vez, es que teníamos una alberca. Aparentemente teníamos dos camionetas. Teníamos un portón eléctrico. A Roy le gustaba vestir bien, iba bañado y limpio. Tenía buenos zapatos...

—¿Crees que alguien pensó que ustedes eran más ricos de lo que eran?

—Sí, definitivamente sí. Eso es lo que yo creo. Porque siento que primero fue robo y al no encontrar tanto como ellos pensaban...

—Bueno, dos camionetas es bastante...

—Pues sí. Pero los objetos de dentro de la casa no fueron suficientes, creo: No teníamos pantallas cuando ya eran moda, no teníamos más que los regalos que nosotros mismos nos habíamos hecho en diciembre por Navidad. Yo siento que ellos creían que iban a encontrar mucho más y que por eso decidieron llevarse a Roy y pedir un rescate.

Porque lamentable, triste, injustamente, así es cómo piensan las madres de los desaparecidos para poder subsistir:

nos vigilaban y yo no vi,

no éramos suficientemente ricos,

a Roy le gustaba vestir bien,

teníamos allá la camioneta de mi papá,

las pantallas ya estaban de moda pero no teníamos ninguna en casa...

Lenta, dolorosamente, aprenden a pensar así.

Porque cuando se llevaron a Roy, Letty tardó tres semanas en reaccionar. Activarse. Durante aquel tiempo ni ella ni sus familiares podían hacer nada. Estaban totalmente paralizados. No dormían ni de día ni de noche. Vivían con la luz prendida a todas horas. Para descansar, bajaron los colchones de la cama a la sala. No podían ni siquiera subir a la segunda planta. Se mantenían, permanentemente, alerta.

Estaban, desde el primer momento, quietos.

Atentos.

Expectantes.

En la sala comía toda la familia: Richi, el papá de Roy y los papás de Letty. Un campamento base en el que la familia vivió paralizada tres semanas. Atónitos. Aterrados. Tristísimos. El colchón fue nuestra mesa, me dice Letty, nuestra silla, me dice. No cocinábamos y sólo abandonábamos la sala para bañarnos.

Aunque a nosotros, me dice Letty, también en esto nos ocurrió diferente de los casos que conocemos, me dice Letty. Porque al segundo día se les llenó la casa de gente: los vecinos les prepararon comida, les llevaron dinero, preguntaban qué podían hacer, cómo ayudar, de qué modo estar ahí. Letty no quería nada. No podía moverse. Tenía los dos teléfonos en la mesita de la sala. Los dos del mismo número. Para que cuando uno hablara, el otro escuchaba. No podían olvidar nada. Tenían que estar pendientes de todo. Y en ese tiempo, todo, ya era sólo Roy.

Tres semanas en las que Letty intentó salir un solo día, porque tenía que ir sí o sí a pagar un recibo de la luz, y tuvo la sensación que todo la agredía. Le entró fobia. No podía ver a la gente, menos a los carros, las patrullas, los policías. Se soltó llorando paralizada en plena calle, vomitó, corrió a su casa y después tardó

casi un año en poder salir normalmente:
ir a la tienda,
andar en la banqueta,
salir de viaje,
subirse a un avión,
entrar en un teatro,
ver una película en el cine,
comer afuera,
viajar.
Seguir viva.
Tenía un miedo terrible, terrible, me dice.

Y nueve meses después que se llevaran a Roy encontró a una buena psicóloga en Pro Víctima, que la ayudó a salir de la casa, mirar a los demás de frente, seguir viva.

Lee de nuevo: Seguir. Viva.

Hay cinco personas detenidas por la desaparición de Roy: tres gracias a la investigación que hizo Letty, un cuarto porque traía una de las camionetas que les robaron y un quinto al que capturaron en una ciudad distinta. Pero Letty no ha podido hablar con ninguno de ellos.

Lo sigue intentando, pero no lo consigue.

—¿Qué has hecho para encontrar a tu hijo?

—¡Di más bien qué no hemos hecho!

—¿Y cómo te tratan las autoridades cada que vas?

—Mal. Apenas nos miran. Pareciera que no nos conocieran.

Porque Letty, ahora, habla siempre en plural. Agréguese a un grupo para que les hagan caso, le dijo en una ocasión Rosario Ibarra (mujer incansable que busca a su hijo Jesús Piedra Ibarra desde el año 1974). Y por eso es que ahora, Letty, habla siempre en plural. Porque no habla sólo por Roy, me dice, sino por miles. Por los 27 mil que contó el Gobierno en el sexenio de Felipe Calderón; por los casi 200 mil que cuentan las organizaciones no gubernamentales que suman, a los mexicanos y mexicanas desaparecidos, los migrantes en su tránsito hacia el norte; por los que cuentan asociaciones religiosas y por todas, todas las familias que hoy en México siguen calladas y no quieren denunciar, temen, están espantadas y no saben cómo continuar sin que se sepa que esto, a ellos, también les ocurrió.

En el grupo de Fuerzas Unidas por Nuestros Desaparecidos en Nuevo León (FUNDENL), Letty se ha unido con los familiares de Kristian, Martín Alejandro, Brenda, Efraín, Gino, Gustavo, el Vaquero Galáctico, Luis Alberto, Omar, Osvaldo, José Roberto, Candelario, Ana Lucía, Nicolás, Reyes, César Arturo, Alejandro, Daniel, Luis Alberto, Julio, José Ángel, Antonio y Antonio De Jesús. Sumando a Roy: 24 personas. Y como ellos, como ellas, decenas de asociaciones en México que se han unido para buscar a sus desaparecidos, sus desaparecidas en todos los estados del país. En FUNDENL, acá en Nuevo León, buscan (con vida) a 24 mujeres y hombres jóvenes, casi todos ellos menores de 25, 30 años, con ganas, listos para vivir su vida a su modo. Y en las fotografías que cuelgan de ellos, en una tristísima pestaña de su página llamada Nuestra Galería, se les ve sonrientes, abrazados por sus seres queridos, divirtiéndose, ilusionados, expectantes.

Vivos.

Kristian Karim Flores Huerta, hijo de Lourdes Huerta· desapareció el 12 de agosto de 2010, junto a su cuñado Martín Alejandro Fiol Alfaro· cuando iban de Juárez a Piedras Negras, Coahuila, a repartir productos de una chocolatería. Hubo un contacto con Kristian entre las 4 y 4:20 de ese día, me dice su mamá, pero a partir de esa hora, que iban cruzando por Juárez, no volvimos a saber de ellos, me dice. Antes de la desaparición de su hijo, Lourdes Huerta era coordinadora de ventas. Pero tras el suceso tuvo que incapacitarse para recurrir a terapias que le permitan mantener la serenidad mientras lo busca. Los chocolates nunca llegaron a su destino, me dice Lourdes. Mi presentimiento, me dice, es que la camioneta Nissan que conducían y que decía a un costado Fletes Garza, nunca salió de Juárez. Dos días después de su desaparición, nació el hijo de Kristian, nieto de Lourdes. Y hoy los familiares le muestran retratos de su papá para que lo reconozca si regresa.

Brenda Damaris González Solís desapareció el 31 de julio de 2011 tras un percance vial en el municipio de Santa Catarina, Nuevo León. Desde ahí llamó a su mamá, Juana Solís Barrios, y a su papá, y ellos escucharon claramente como alguien le decía "Suelte el teléfono ya" y le arrebataba el aparato. La familia de Brenda fue de inmediato al lugar del supuesto accidente, pero nadie les supo decir nada. El 17 de octubre, casi tres meses después de su desaparición, los supuestos restos de Brenda fueron encontrados en el kilómetro 92 de la autopista a Saltillo. Aunque según los peritos los restos llevaban, en realidad, al menos un año a la intemperie. Es decir, desde más de nueve meses antes de la desaparición de la joven. Al cabo de un año, el 17 de octubre de 2012, las autoridades notificaron a Juana Solís Barrios que los restos encontrados sí eran de su hija, que había dado positivo en el cotejo de ADN con los restos resguardados bajo el expediente Prueba 166. Y un mes más tarde, personal del Servicio Médico Forense entregó los restos directamente a la funeraria, en una bolsa de basura de color negro, con orden de incineración inmediata o sepultura. Pero los familiares no creyeron que esos restos fueran de su hija y se convirtieron en las primeras víctimas de México en exhumar un cuerpo enterrado con el nombre de su hija para confirmar su verdadera identidad. Querían encontrar a Brenda y devolver, si no correspondía, el cuerpo que enterraron a la familia que lo estuviera buscando. Si lo estaba buscando. Finalmente, con la ayuda de forenses extranjeros, confirmaron que el cuerpo era efectivamente de Brenda Damaris y pudieron enterrarla con esa certeza, ese dolor.

ERNESTO EFRAÍN VIDAL FLORES. Estudiante de criminología, desapareció el 11 de abril de 2011. Desde entonces lo busca su papá, Ernesto Vidal Negrete, de 76 años. Efraín tenía 30 años en el momento de su secuestro. Había ido a una fiesta a una quinta en la Carretera Nacional y de regreso en la noche paró a comer en un puesto de tacos ubicado por la estación del metro de la colonia Mitras, en Monterrey. Iba con dos amigos: DANIEL RAMÍREZ PÉREZ y VÍCTOR ALEJANDRO PALACIOS. Desde entonces no se sabe nada de ellos.

GINO ALBERTO CAMPOS ÁVILA desapareció el 8 de junio de 2011. En su facebook todavía se pueden ver fotos de Gino pasándola bien, dibujando grafitis, divirtiéndose con sus amigos. Parece un chavo alegre y pilas. Estudiaba diseño gráfico y fue secuestrado delante de la casa de sus abuelos, en Monterrey. Sus familiares aseguraron que, sin lugar a dudas, se debía a una confusión de identidad. ¿Puedes imaginar lo que se siente no poder confiar en las autoridades para encontrar a su hijo?, preguntó su madre Angélica Ávila frente a las cámaras de la cadena de televisión Al Jazeera. A veces el dolor y la tristeza te hacen tanto mal, dijo. No tengo ni idea de si está vivo pero no puedo perder la esperanza, dijo. Debo seguir pase lo que pase.

GUSTAVO CASTAÑEDA PUENTES y el VAQUERO GALÁCTICO (Melchor Flores Hernández) desaparecieron el 25 de febrero de 2009. A Gustavo lo busca su mamá, Amada Puentes González. Al Vaquero su papá, Melchor Flores Landa. Gustavo tenía 28 años y el Vaquero 26 cuando el 25 de febrero de 2009 salieron de la oficina de Andrés Batres Sánchez, un ex agente federal dueño de una constructora a quien Gustavo ofrecía servicios de programador de informática. Eran la 1:30 de la tarde y según investigaciones familiares, policías de Monterrey los secuestraron a los tres. Melchor Flores Landa, cree que lo sucedido tiene que ver con la desaparición del ex agente federal, a quien nada busca y cuyo secuestro nadie ha denunciado, dice. Melchor vendía utensilios del hogar a domicilio en el Estado de México, pero tras la desaparición de su hijo dejó el trabajo para buscarlo.

Luis Alberto Navarro Escobedo y Jesús Omar Salaya Montejano desaparecieron el 23 de mayo de 2010. A Luis Alberto lo buscan su mamá, Blanca Silvia Navarro Escobedo y su tía Yolanda. A Jesús Omar lo busca su mamá María de la Luz Montejano. Desaparecieron de la presa de la Boca, junto con dos amigos más, uno de ellos de nombre Miguel Ángel. Estaban en una celebración familiar cuando un comando de supuestos militares que viajaban en vehículos no oficiales, pero que se identificaron como de la Sedena (Secretaría de la Defensa Nacional), se llevaron a los cuatro amigos. Luego luego pidieron rescate por los cuatro, pero a pesar de haber efectuado el pago nunca han regresado. Ninguno de ellos.

Osvaldo Arizmeni Flores desapareció el lunes 20 de febrero de 2012 a las 10 de la noche. Tras salir de su casa en coche, en el municipio de Zapopan, Jalisco, con dirección a un Oxxo cercano. Era originario de Monterrey y su familia desde allá lo sigue buscando. Un mes antes de su desaparición, Osvaldo había publicado bajo una foto suya en Fotolog: "es verdad, que siempre pienso en ti, que llevo en mi corazon, pero hoy tome una desicion y sere firme ... dejarte libre, el no volver a ilucionarme. Buscare otra vida sin ti y ser feliz... dedicarme ami. que te valla bien / osvaldo arizmendi flores / el 29 enero 2012 [SIC]". Lo que nos podría llevar a pensar que era un chavo enamorado. De su desaparición o posible secuestro, apenas hay datos.

José Roberto González Mendoza (Pepe) y Candelario Rodríguez González desaparecieron en 2011. A Pepe lo busca su mamá, María Del Socorro González.

Y a Candelario su mamá Norma. A las 5 de la madrugada del 2 de abril de aquel año, la mamá de Pepe recibió una llamada en la que le dijeron que habían secuestrado a su hijo junto con otro joven de nombre Candelario. Testigos presenciales contaron que los dos amigos estaban con dos muchachas en la camioneta de Pepe, esperando a un tercer amigo que se iba a ir con ellos, cuando llegaron unos hombres armados, los sometieron y se los llevaron a los dos a bordo de un taxi. Sus familiares pudieron comunicarse telefónicamente con los delincuentes, quienes dijeron que estaban investigando a los muchachos y que los iban a liberar en unas horas. Y no pusieron ninguna denuncia porque los amenazaron con matarlos si se atrevían. Pepe tenía 24 años cuando se lo llevaron, estudiaba administración de empresas y trabajaba en una oficina de telemarketing.

Ana Lucía González De La Garza y su marido desaparecieron el 3 de febrero de 2010, cuando su madre, Carmen Fernández De La Garza, llegó a tocar a su casa y nadie contestó. Se había casado el año anterior con un hombre del que se había enamorado con locura. Ella pensaba que su marido era vendedor de carros de lujo, pero tras el matrimonio lo veía salir cada noche armado y, según algunos testimonios, él le dijo que era soldado y que no podía contarle detalles de su trabajo. La familia de Ana Lucía teme que esté siendo vendida en una red de trata de mujeres en algún país de América Latina.

Nicolás Flores Reséndiz y Reyes Flores Reséndiz desaparecieron el 28 de marzo de 2011 en la carretera de Tamaulipas.

No hay más datos.

CÉSAR ARTURO SALAZAR JASSO desapareció el 7 de enero de 2011. Cuando fue un momento a la tienda de la esquina, junto a él se detuvo una camioneta negra de donde descendieron cuatro personas con armas largas, lo subieron a la fuerza y se lo llevaron. A César lo busca su mamá, Irma Jasso. Cuando se lo llevaron, tenía 20 años y desde aquel día su familia no ha sabido nada más de él.

ALEJANDRO MORENO BACA es hijo de Lucía Baca, quien lo vio por última vez el 27 de enero de 2011, cuando subió a su carro para ir del Distrito Federal a Laredo, donde iba a vacacionar. Sus papás lo recuerdan guardando la maleta en la cajuela de su coche rojo, recuerdan despedirse, recuerdan ver cómo se alejaba. Minutos después de cruzar la caseta de Monterrey, Alejandro utilizó el facebook para iphone y dejó registradas sus coordenadas: "Acabo de pasar la caseta de Monterrey, voy derecho hacia Nuevo Laredo". Estoy segura que lo hizo cuando vio al retén o sintió peligro, me dice su mamá. Y luego, nada. Alejandro era ingeniero de IBM y tenía 33 años el día que desapareció. Yo antes de su desaparición era empresario, me dice su papá, Alfonso Moreno, y ahora me dedico a buscar a mi hijo.

DANIEL ZENDEJAS LÓPEZ y LUIS ALBERTO CABALLERO BARRÓN, desaparecieron el 6 de mayo de 2014 en el Barrio Antiguo de Monterrey. Presuntamente, a manos de policías ministeriales.

No hay más datos.

JULIO LÓPEZ ALONSO desapareció el 12 de enero de 2008 en Santiago, Nuevo León. Lo busca su mamá, Julia

Alonso. La última vez que supo de él, Julio salía de su casa de Acapulco para ir, con unos amigos, a una celebración en Monterrey. Cuando se cumplieron cinco años de su desaparición, Julia hizo una huelga de hambre en la Ciudad de México para pedir a las autoridades que hicieran su trabajo y buscaran a su hijo. Y le dijo a una reportera de La Jornada: "Me da muchísima tristeza que a casi cinco años de no encontrar a mi hijo, todavía tengo que estar aquí pidiéndoles, como si fuera una miserable, como si no fuera una mexicana de calidad, mientras que otras, que no son de calidad, tienen a todo el Estado a su servicio".

JOSÉ ÁNGEL RIVERA SILVA, transportista, desapareció el 23 de noviembre de 2012 cuando viajaba de Nuevo León a Tamaulipas. Su familia le sigue sirviendo la cena de Navidad cada diciembre y dejan enfriar su plato. "Tu desaparición es la oscuridad más intensa que ha habido en la familia, en esa oscuridad te hemos buscado, en largas y desoladas carreteras, en pasillos taciturnos de oficinas de Estado, entre burócratas somnolientos, entre las risas de quienes le apuestan al olvido, entre perezosos uniformados, en los ojos lagañosos de funcionarios públicos y en el polvo de sus archivos. En esa oscuridad te buscamos porque con la complicidad de esa sanguinaria máquina fuiste desaparecido. Tu padre y tu madre muestran la corteza de la que tú también estás hecho, y apacibles esperan, en cada azote de puerta voltean esperanzados y al ver el viento pasar se alegran y te sonríen. Somos infatigables, loco, tarde o temprano nos veremos, no importa que nuestra marcha nos lleve a los tribunales del juicio final", le escribió su hermano Francisco en una carta virtual publicada en el portal Nuestra Aparente Rendición.

Antonio Verástegui González y Antonio de Jesús Verástegui Escobedo. Padre e hijo. Hermano y sobrino de Jorge Verástegui González, quien los busca desde la noche del 24 de enero de 2009. Regresaban del rezo de un Rosario en un rancho de Parras de la Fuente, en el vecino estado de Coahuila, cuando los detuvieron unas personas que vestían chalecos de la AFI (Agencia Federal de Investigación), pero la policía del lugar dijo a sus familiares que probablemente se trataba de una confusión y pronto regresarían. No han sabido más de ellos.

Así las cosas en México.
Aquí.

CAPÍTULO VI
Por la sonrisa de mi madre, que vale un millón

—¿Dirías que la ciudadanía ha respondido proporcionalmente a la tragedia?

—No, definitivamente las clases más privilegiadas de México viven totalmente ajenas a esto: los empresarios y los políticos. Sabrán que algo está pasando, pero no están ni tantito cercanos a lo que estamos viviendo.

—¿Se sienten abandonados?

—Estamos abandonados. Pero no nada más abandonados, nos quieren invisibilizar, quieren decirle a todo el mundo que no existimos, que lo que nos ocurrió no es cierto.

—Y a pesar de todo, hay muchísima gente que quiere a Roy aunque nunca llegó a conocerlo. ¿Cómo te hace sentir eso?

—Eso es, sin ninguna duda, lo más extraordinario de todo. Yo no sabía que hubiera gente que amara por amar. Las causas por las que yo veía que la gente luchaba y peleaba, siempre pensé que tenían que ver sólo con ellos. A todos nos indignan las injusticias, pero muchos, incluso yo misma, sólo reaccionaba de manera individual. Pero conocer a tanta gente que nunca he visto en persona y que están trabajando para ayudarme a mí y a otros familiares que están como yo, ha sido algo extraordinario. Realmente, eso es lo que más me ha conmovido.

Gente que me arrima su hombro, me dice. Que me arrima su alma.

Porque Letty desde hace meses habla de manera frecuente con gente a la que nunca ha visto pero que se han convertido en su nueva familia. Están en todos lados, la acompañan constantemente, conforman una sólida comunidad en el facebook y viven esta tragedia a su lado. Reclaman para que se investigue qué sucedió con Roy, para que se sepa dónde está, cómo, por qué se lo llevaron, qué ha sido de él.

Gente extraordinaria, me dice Letty, a las que no he visto pero que he tenido el valor de decirles:

—Me quiero morir.

Gente extraordinaria, me dice Letty, que le responde:

—Pues nosotros no queremos que te mueras ni tampoco queremos que vivas así. Hay que hacer algo, Letty. No estás sola.

Y eso me inspiró confianza, me dice Letty. No eran palabras huecas, me dice Letty.

Sino un grito unánime de #FuerzaRoy.

De #QueremosPazEnMéxico.

De #BastaYa.

—Por eso la búsqueda se hace incansable, porque todos agarran un cacho y nos hacen más liviana la carga. Si no, no sé dónde estuviéramos.

Letty se capacitó en todo: aprendió a reseguir GPS, juntar información, seguir pistas, agilizar las investigaciones, hablar con el crimen organizado, hacer expedientes...

—¿Todo esto lo hiciste tú sin la ayuda de las autoridades?

—Sí, sin su ayuda.

—¿Y sin su protección?

—Exactamente. Con la libretita que me dio mi mamá ese día.

Letty lo apunta todo, absolutamente todo. Va por cinco libretas. Y para convertirse en Mamá Detective lo primero que hizo fue leer el libro de una mujer que había vivido algo parecido y daba algunas pistas de cómo hacerle.

—Me lo eché en un día —me dice—. Y de ahí saqué tips que me sirvieron.

Llamó a todos y cada uno de los teléfonos que aparecían en las facturas de los teléfonos robados (y que dejaron de emitir señal la mañana de la Operación Rastrillo). De ahí conseguían las direcciones y muchas veces, incluso, los nombres. Todo se lo dio a la autoridad, pero nada.

Pidió ayuda a víctimas con más presencia mediática, pero ni siquiera le respondieron. Le escribió al entonces Presidente del país, Felipe Calderón, para decirle todos los datos que tenía y que a nadie le interesaban. Buscó recursos en todos lados. Y un 7 de junio vio que iba a llegar a Monterrey la caravana de Javier Sicilia, del Movimiento por la Paz con Justicia y Dignidad. Se pedía a las víctimas que se acercaran a la caravana a dejar sus testimonios y se les ofrecía el teléfono de una asociación de derechos humanos. Letty llamó de inmediato, pero era domingo y las oficinas estaban cerradas. Así que el lunes llamó de nuevo, les contó todo de nuevo, le dijeron que a las 5 había una concentración y que si quería dar su testimonio allá se vieran. Y ésa fue la primera vez que Letty habló en público de la desaparición de Roy.

—Se llenó de gente. Pero no hablábamos con nadie por temor.

—¿Con quién fuiste?

—Con Richi y con mi mamá.

Y se subió a hablar por primera vez. No dio su nombre y escondió muchos datos, tenía miedo. Letty veía a toda la gente, escuchó gritos de "No están solos" y se le nubló la mente: Tenía la sensación que todos estaban callados, que nadie la entendía, que no sabían de qué estaba hablando. Y se calló. ¿Para qué?, pensó, si no saben ni de qué hablo. Bajó del templete y se le acercó alguien que no sabe quién fue y le dijo:

—Señora, ¿usted está en alguna organización?

—No —le dijo Letty.

—Pues es importante que se agregue a un grupo para que les hagan caso.

Pero Letty apenas escuchaba. Se había acostumbrado a la gente que no la entendía. Tenía ganas de vomitar. Se sentía nublada. No entendía qué estaba pasando. Y entonces alguien agarró el micrófono para decir: Hablamos con el Procurador y nos van a recibir en la procuraduría. De aquí nos vamos todos para allá.

—¿Yo también? —preguntó Letty.

—No, tú no. Tu caso todavía no lo tenemos. Si quieres puedes venir pasado mañana a que te registremos.

Y dos días después la registraron y desde entonces todos los días iba a la asociación de derechos humanos con las que había hablado ese primer lunes. La gente se creía que yo trabajaba allá, me dice Letty, porque allá me la pasaba. Y ahí fue donde dijo: Es la primera oficina donde yo entro y saben de lo que estoy hablando. Es el primer lugar donde me escuchan en lugar de escuchar música o comer papitas o tomar soda. Es el primer lugar donde no se ríen y donde nadie pierde el tiempo.

Finalmente había llegado donde tenía que llegar y había encontrado a la gente que tenía que encontrar. Todos hablábamos el mismo idioma, me dice Letty. Todos y cada uno de ellos habían hecho, como Dios le da a entender, un recorrido parecido al de Letty.

Ya no se sentía tan sola.

Ella y otros quince familiares fueron el día 7 de julio a una mesa con gente del Movimiento por la Paz con Justicia y Dignidad. Y por primera vez, también nos escucharon los políticos de la ciudad.

—¿Cómo te sentiste?

—Por un lado, bien. Porque finalmente, casi cinco meses después, me escuchaban. Pero me sentí fatal cuando llegaron a mi caso porque no tenían nada.

—¿Nada?

—Bueno, las investigaciones que había hecho yo: los teléfonos y nombres que les había dado, las dieciséis direcciones que creía que podían estar vinculadas al secuestro, las fotografías, el recorrido del GPS en mi compu... todo lo que me enseñaron, absolutamente todo, lo había hecho yo.

—¿Y de los otros casos?
—Nada.
—¿De nadie?
—De nadie.

Recientemente habían detenido a los asesinos del hijo y los amigos del hijo de Javier Sicilia, poeta y portavoz del Movimiento por la Paz con Justicia y Dignidad. Y lo habían logrado rastreando las llamadas que habían salido de los teléfonos de las víctimas después de sus asesinatos. Y con todo respeto, dijo Letty enfrente de Javier, si con él lo han hecho no entiendo por qué no pueden hacerlo con nosotras. A lo que Javier les dio la razón y se condolió con la mirada, pero las autoridades de Monterrey se excusaron diciendo: Esto no podemos hacerlo, porque tenemos que pedir datos a la compañía y esos datos son confidenciales.

Aunque salgan del teléfono robado a un joven que lleva cinco meses desaparecido.

Así rompieron nuevamente la esperanza de Letty. Tal y como la habían roto tras el pago del rescate, la visita a la Séptima Zona Militar, la Operación Rastrillo y ahora la plana mayor de los políticos de Monterrey.

—¿Y luego?
—Pues cada mes regresaba la caravana, aunque cada vez con menos gente. Pero durante unos siete meses, mes con mes llegaban la Caravana y Javier a Monterrey y a nosotros nos recibían las autoridades.

—¿Y te resolvieron algo?

—No.
—¿Nunca?
—Jamás.

Por esos días recibió respuesta de la Oficina de la Presidencia de la República para decirle que turnaban su caso a la Procuraduría General de la República. Ya chingué, pensó Letty. Y de nuevo se encendió la esperanza, la lucecita. Ya me están haciendo caso desde México, pensó Letty. Ora sí. Y la Procuraduría del Estado le dio permiso para revisar un estacionamiento donde guardaban, me dice Letty, cantidad de carros balaceados. Para ver si reconocían su camioneta. Era espantoso, me dice Letty. Y me dice también que a las pocas semanas vio en la televisión cómo detenían al único de los hombres que entraron en su casa sin capucha. Y de nuevo corrió a la Marina, al Ejército, a la policía, las autoridades.

—Aquí sólo estuvo 40 minutos, me dijeron. Ya lo mandamos a México.

Pues quiero hablar con ellos e ir a México, por su propia cuenta, pagando sus gastos, sin abogada... Richi y yo solos, me dice Letty.

—Richi es un sol —le digo.

—Sí.

Y juntos fueron a México, Letty pagó el viaje, pidió un careo, le pidieron que desistiera. Le dijeron que esos tipos eran unos bestias, que mejor no los escuchara, que no se intoxicara. Pero era tarde, Letty ya estaba adolorida. Estaba tristísima.

Un trozo de ella, muerto.

Y nunca pudo hablar con el detenido, ni aquella vez ni otras.

Y con todo, desde entonces, no para. No paran.

Porque creo que si no hago todo no hago nada, me dice Letty.

Y porque tal vez sin pensarlo de este modo, ahora sabe sin lugar a dudas que así de constante y valiente es el amor.

Lo siente, lo recibe, lo expande.

No están solos, le dicen a menudo ahora que deja arropar por gente extraordinaria, como dice ella misma. Gente que me arrima su hombro, me dice. Que me arrima su alma. Y con esta comunidad que alza la voz para exigir la paz, celebra los cumpleaños de Roy, pasa los días 11 de enero recordando su secuestro, se capacita en derechos humanos, visita escuelas, habla con chavos y chavas que tienen a familiares desaparecidos, los escucha, los ayuda, los abraza.

—¿Y Richi? —le pregunto—¿Querrá hablar conmigo?

—Sí quiere. Él también confía en ti —me dice Letty.

Y yo respiro profundo y pienso en mis hermanos y en cómo es hablar con alguien que a la edad de 16 años comenzó a vivir lo que hoy sigue viviendo.

No sé cómo aguantar la poca fuerza que encuentro en mí para escuchar a Richi.

Pero quiero escucharlo, entenderlo. Contarles a todos ustedes lo que sabe él.

Saber por qué alguien tan joven, tan afectado, tan dolido, puede entender lo que les tocó vivir.

Dónde encontró la sabiduría y la entereza necesarias para confortar a su mamá.

Haciendo cosas como tatuarse, en el pecho: "Por la sonrisa de mi madre, que vale un millón".

¿Quién podría regañarlo por eso?

Cuando Roy cumplió un año de vida, Letty y su marido se trasladaron a una casa nueva. Y estuvieron dieciocho años allá. Hoy, ese lugar está lleno y vacío. La casa quedó como la tenían: paralizada en el tiempo. Todo está igual. Letty y Richi van, limpian y ven cómo se deteriora todo. Pero no han tocado nada. La luz sigue prendida. Si hay algo que nunca olvido, me dice Letty, es pagar la luz. Por si Roy regresa. No ha habido un día que esa luz se haya apagado desde el 11 de enero de 2011.

Siempre prendida. Siempre.

Hoy Richi y Letty viven en casa de la mamá de Letty, abuelita de Roy. Duermen en una recámara que no es la de ellos y no usan sus muebles. Siguen en ese limbo el que los dejó abandonados el dolor. Mi clóset, me dice Letty, es una maleta. Porque Letty siempre pensó que un día regresaría a su casa con Roy y todo iría bien. Por eso vivió con una maleta con lo mínimo necesario para pasar unos meses. En casa de su mamá. Asustada, pendiente. Deshecha.

Como los exiliados.

Pero pensando en Richi, dijo: ya. Quiero darle una estabilidad para él, una casa donde vivir, que sea su casa, que recupere su vida. Y ahora trata de vender la casa donde vivían con Roy. Le duele, pero no tienen a dónde ir.

Y no son capaces de volver allá.

Tres meses estuvieron en esa casa después que se llevaran a Roy. Letty no quería irse. Esperaba. Hasta que ocurrió algo que hizo que se fueran corriendo: a seis casas de donde vivían ellos, había una familia con tres hijos. Y un día, en semana santa, se los quisieron llevar. Una vecina le tocó a Letty. Antes no se conocían mucho, pero tras la desaparición de Roy, lejos de alejarse, se habían acercado a ella y la cuidaban, le contaban, la tenían presente en sus oraciones, sus pensamientos, sus testimonios. Y aquel día una vecina le tocó a Letty para invitarla a visitar a una virgen en un lugar cercano. Y Letty le dijo que sí porque la estaba buscando desde hacía tiempo: María Siempre Virgen, en Montemorelos, Nuevo León. Una monja le hizo un santuario le había levantado un lugar donde se le había aparecido. Y diferentes personas le habían dicho que fuera con ella. Que tenía visiones.

Así que cuando el 8 de abril de 2011 una vecina le tocó a Letty y la invitó a visitar el santuario, contestó de inmediato que sí. Pero cuando ya estaban afuerita de la casa, llegaron patrullas, policías, movimiento. Y vio a otra vecina, a la que sí conoce, gritando en medio de la calle con un teléfono en la mano.

Algo tremendo está pasando aquí, dijo Letty.

Y en eso recibió una llamada de otra vecina: Letty, sálganse de su casa, yo ya me salí, se llevaron a los tres hijos de nuestra vecina. Yo ya no quiero estar ahí, salte de tu casa, llévate a Richi, no sabemos qué va a pasar.

Y Letty corrió a casa, agarró una maleta y le dio la mano a su hijo: Vámonos de aquí.

Como si la hubiera protegido, esta vez sí, María Siempre Virgen.

Esos tres niños que aquel día desaparecieron, me dice Letty, están en fotos con Roy y Richi: piñata, fiestas, excursiones, juegos. Y los quiso ayudar. Llegó a casa de su mamá temblando, pero quiso ayudar. Aunque no pudo. Y ya las 12 de la noche, cuando había transcurrido todo el día como un monstruo de hierro pesado, supo que acababan de recuperarlos a los tres. Fue un secuestro por llamada de extorsión, me dice Letty: Tenemos a sus papás, les dijeron a los niños, sálganse de su casa porque somos los malos y vamos a ir por ustedes, váyanse al hotel (tal) y esperen instrucciones. Y así fue como tres niños solos se lograron hospedar en un hotel (9 años el menor, el mediano de la edad de Richi y el mayor de la edad de Roy). Y entonces llamaron a la mamá y al papá para decirles que tenían a los niños. Ésa es la escena que Letty había visto en la mañana (la mamá gritando en medio de la calle con un teléfono en la mano. Algo tremendo está pasando aquí, dijo Letty). La policía según esto los asesoró por teléfono, me dice Letty, pero en verdad los papás lo hicieron todo: depositaron una parte del dinero que les pedían, recuperaron a los dos niños chiquitos que estaban esperando en el hotel y buscaron al mayor. Porque cuando ya habían pagado el rescate, los malandros todavía lo llamaron para decirle que dejara a sus dos hermanos en el hotel y tomara un taxi con rumbo a Saltillo.

Así le habían dicho: vete solo a Saltillo si quieres que te entreguemos a tus papás.

Pero de milagro los papás lograron ubicar el teléfono celular que llevaban, se lo dieron a la policía, la policía llamó al niño que no les creía y se negó a regresar, luego hablaron con el chófer y le ordenaron que diera la vuelta, que regresara al pequeño, que hablamos de parte de sus papás y somos la Unidad de Antisecuestros.

Y así fue como una familia se reunió de nuevo.

Si no, me dice Letty, ahorita estaríamos hablando de otra cosa, de otra tragedia.

Junto a su casa.

Y eso que ella recuerda cómo vivían antes en su colonia de clase media, trabajadora. Para nada era violenta, me dice. Todo estaba tranquilo y era hermoso, o así lo recuerda. Por eso cree que la policía fue quien les hizo todo esto, porque lo único que se veía en la colonia antes de que todo sucediera eran las patrullas.

Yo pensaba que nos cuidaban, me dice, que mantenían la tranquilidad.

Pero cuando se llevaron a Roy, todo se hizo evidente. Fue como si alguien les hubiera dado unas gafas que lo ponen todo al derecho para que finalmente se puedan entender. Y Letty supo entonces que ya se habían llevado a otros chavos de la colonia pero que siempre los regresaban. Por eso ella siempre pensó que Roy también iba a volver. Porque no era el primero en ser arrebatado, impunemente, en su casa.

Por eso pensó que Roy iba a regresar en esos días.

Pero luego se llevaron a esos tres niños (a los que milagrosamente recuperaron).

Y luego supieron que se habían llevado a otros dos muchachos que a día de hoy siguen desaparecidos. Dos amigos, uno de ellos mariachi. Letty los conocía porque los había contratado en el cumpleaños de su papá en 2010. Estaban comiendo tacos, llegó una camioneta negra y se los llevaron.

—¿Richi también los conoce?

—Claro —me dice Letty—. Lo que he vivido yo, lo ha vivido él. Pero peor. Es tan joven...

—¿Querrá hablar conmigo?

—Ya me dijo que sí.

CAPÍTULO VII
Nada le gana a Roy

—¿Qué es el miedo, Richi?
—El miedo es el amor a los demás.

Richi nació dos años después que su hermano Roy. Y cuando cumplió 18, le escribió esto en el portal online de Nuestra Aparente Rendición:
"La gente sigue caminando sin rumbo, la mayoría no se preocupa por los desaparecidos, la gente está distanciada una de otra, el gobierno metió miedo y desconfianza, las fiestas siguen, la vida sigue. (...) Y pues mi Mamá... mi mamá cambió completamente. De hecho no creo que la reconozcas, parece como si un velo le cubriera la cara, se le nota la tristeza a la distancia. Es una guerrera incansable. Si supieras a cuantos alcaldes, delegados, agentes del MP, soldados, marinos, subdelegados, jefes de antisecuestros y ministeriales les ha gritado en su cara, si supieras hasta dónde ha llegado buscándote, si conocieras a Indira, Chuy, Cordelia, Martín, Marcela, Diana, Óscar... amigos de lucha incansable, amigos que a pesar de no

conocerte se desvelan, viajan, acompañan, ayudan a que regreses con bien. Si supieras el amor que mi madre les tiene... "¡Ojalá y estuvieras aquí wey! Hay momentos en que te necesito, en los que lloro solo, en los que quisiera que no hubieras abierto la boca cuando dijiste '¡Déjenlo, yo soy el mayor!', momentos en los cuales quisiera agarrarte a golpes por haberme dejado, momentos en los que voy a nuestra casa y siento como cuando te me aventabas arriba a hacerme cosquillas, momentos también en los que siento que me falta la mitad del corazón. ¿Yo? Pues qué te puedo decir... aún conservo la cicatriz de aquel cachazo que me dieron porque me quisiste ayudar, que de hecho no cicatriza, engordé como 20 kilos y tengo que ir a terapia todos los viernes, ya no hago deporte, repruebo la escuela. Y, por cierto, estoy estudiando Relaciones Internacionales y escogí estudiar el idioma italiano que tanto te gustaba. (...) ¡Pff, dos años sin ti está bien cabrón, dos años en los que trato de sonreír con el corazón desgajándose, dos años sin escuchar tu voz! (...) Está bien cabrón ver a mi mamá llorar por las noches wey, está bien cabrón verla hablar con fotos, está bien cabrón que mi papá haya perdido la esperanza, déjame decirte que nunca había visto llorar a mi abuelo y eso *brother*, eso está súper cabrón".

Richi también busca.
Y siempre quiso ayudar a su mamá Letty en esto.
Pero es tan joven, tan impresionante cómo ha luchado, me dice Letty. Ha sentido impotencia, se ha

rebelado y ha podido darse cuenta de lo que es entrar a las entrañas de este monstruo que es la guerra: la corrupción (real), la injusticia (totalmente palpable), la ineficiencia (en todos lados), las ineptitudes (o falta de interés), los vicios (que no acaban). Hasta que la vida seguía con tanta crueldad y constancia, que un día le empezó a decir a su mamá:

—Mamá estás todo el tiempo ahí y no hay nada.
—Mamá, estamos contra la pared.
—Mamá, estamos topándonos.
—Mamá, ya no te voy a acompañar más.
—Está bien, hijo. Lo entiendo —le contestó Letty.

Pero sólo lo dijo, porque nunca la dejó sola. Siempre la acompaña cuando ella lo necesita. La entiende. La quiere. Se ayudan.

—Te agradezco mucho que hables conmigo —le digo a Richi—. Lamento ponerlos tristes.
—Para nada —contesta.
—¿Qué me quieres contar? ¿Qué puedes contar?
—Mejor hazme preguntas, es más fácil para mí.

Richi tenía 16 cuando sucedió todo. Ahora tiene 20. Y recuerda a la perfección su vida de antes. Mi vida de antes: con mi hermano y sin este dolor, me dice. Lo que yo vivía, me dice, era algo muy bonito. De hecho, se me daba todo, nos sentíamos inmunes ante todo, jamás pensamos que nos iba a suceder esto. Nunca nos imaginamos ni pudimos darnos cuenta que algo así nos podía ocurrir. Jamás nos cruzó ni siquiera por la mente. Todo era tranquilidad, paz. Nada de violencia cerca.

(Que quiere decir: no tan cerca).

Y claro que cuando se desató la ola de delincuencia hubo que tranquilizarse un poquito más, me dice Richi, porque estábamos conscientes del peligro que generaba la guerra contra el narco.

—¿Lo hablaban entre ustedes? —le pregunto.

—No tanto, pero lo veíamos en las noticias. Acá la tele te mete miedo. Recuerdo mucho un comercial que apoyaba la separación de la ciudad. Decía algo como: "¿Ya viste a Luis? Anda en muy malos pasos, mejor alejémonos, sigamos en lo nuestro..." Comerciales así que para nosotros eran nuevos pero se volvieron una llamada de atención. Y aunque eso nos intranquilizó, seguíamos pensando que a nosotros no nos podía pasar.

—¿Tú no tenías miedo?

—Para nada. De hecho estaba como que advertido, solamente, de que había una guerra. Pero nunca, jamás, había vivido de cerca algo similar.

—¿Y cuando te ocurrió entendiste algo? ¿O todavía hoy te preguntas qué pasó? ¿Conservas en tu memoria la escena en orden o lo guardas todo mezclado?

—Todo lo recuerdo bien. Desde estar acostado en mi cama hasta llegar golpeado a la casa del vecino. Recuerdo todo, todo... pero no me queda claro qué ocurrió. O por qué ocurrió. Qué chingados pasó aquí.

—¿Ese día fue la primera vez que tuviste miedo de verdad, en toda tu vida?

—Sí.

—¿Y cómo es ese miedo?

—Pues yo no sé si sea el único, pero a mí lo que me hizo pensar es que el amor a la familia es grandísimo.

(Silencio). No hubo un momento en el que yo me preocupara por mí.

—¿Neta?

—Sí, siempre fue por mi hermano y mi mamá.

—¿A pesar de tener 16 años?

—Sí... es algo para lo que nadie te prepara.

Hablando de eso, me dice Richi, pienso en una pregunta que nos hicieron en el cuarto, cuando me empiezan a pegar patadas y a preguntar si yo era el mayor. Yo nunca contesté que sí ni que no, me dice, estaba asustadísimo. Fueron dos o tres minutos de patadas y golpes. Y cuando me tenían como con cuatro o cinco miras, Roy gritó: Ey, ya déjenlo. Yo soy el mayor.

Qué difícil ha de haber sido esto para ti, le digo a Richi. Para todos, claro. Pero a ti te ha de parecer increíble haber vivido algo así. Sí, me dice. Pero entendí que el miedo es eso: Me dolía más ver a mi hermano que a mí, que me estaban golpeando. Me dolía voltear y ver cómo mi mamá se quitaba la cobija de la cara, cómo la empujaban... Eso es el miedo.

—¿Tú parecías mayor que Roy?

—Sí. A menudo nos preguntaban si yo era el mayor. Tal vez soy más gordito... (se ríe).

—O porque haces natación, ¿no? Tal vez eso haga que parezcas más fuerte.

—Puede ser. Además, Roy siempre ha sido más delgado.

—Te debes haber preguntado millones de veces por qué querían saber cuál era el mayor, ¿no? ¿O lograste entender eso?

—Yo entiendo lo que nos pasó como un robo. Se llevaron todo de la casa en la que vivíamos. A pesar de no ser una mansión ni nada por el estilo, vivíamos en una colonia en la que la casa resaltaba. Era la única con alberca y portones eléctricos y camionetas en las cocheras. Y se llevaron todo, todo, todo: tenis, ropa, perfumes, laptops, llaves. Vaya, hasta carne del refrigerador se llevaron...

Lee de nuevo, sin incredulidad: Hasta carne del refrigerador se llevaron cuando secuestraron a Roy. Eso ha aprendido a contar su hermano menor para mantener la cordura.

Así tratamos de hacer comprensible las tragedias. Con detalles que parecerían imposibles.

—Si me meto mucho en tu vida, dime que no me quieres contestar. Pero esta frase que hemos escuchado tantas veces que dijo tu hermano (Yo soy el mayor), que a todos nos parece un acto de amor y de humanidad impresionante, a ti te debe haber hecho sentir mal en algún momento de tu vida. ¿Te enojaste con él?

—(Silencio). Claro que sí. De hecho, dicen que este tipo de heridas son de las que no sanan. Dicen que desaparecerte a alguien muy, muy querido es una herida que con el tiempo se va agravando. No es como si muriera un familiar. Con el secuestro de mi hermano ocurre al revés. Los primeros días estás seguro que va a regresar. Y aunque pasen meses, sigues seguro de que va a regresar. Y al principio hasta da miedo denunciar porque estás seguro, seguro, de que tu hermano va a regresar.

—¿Y ahora?

—Pues tantos años después, de repente, un día, te das cuenta que no va a regresar.

—¿Tú crees que no va a regresar?

—(Silencio). Para mí, como su hermano, como alguien que tiene que salir adelante con el problema, es mejor pensar que no regresará. Es mejor no estarme torturando con el recuerdo y el pensamiento de qué le puede estar sucediendo a Roy.

—¿Debes haber imaginado todo, no?

—Sí. Y de hecho cada vez que en la calle o en las noticias cuentan cómo tienen a un secuestrado y me hace pensar en cómo estaría Roy, me afecta, me duele. Y lo que he aprendido es que todas las cosas que me puedan hacer mal (que es pensar todo el tiempo: cómo está Roy, dónde está Roy, cómo tratan a Roy, si Roy está en una cárcel con otro nombre, si está trabajando para los Zetas...), no me permiten hacer nada. Necesito creer que Roy ya no está con nosotros. Que está en un lugar mejor. Porque pensar estas cosas, para nosotros, no es pensarlo: es vivirlo. Es no poder comer, es llorar, es no poder levantarte de la cama un día...

Y yo he vivido mucho, mucho tiempo así, me dice Richi. A ratos siente que ya lo va a seguir soportando. Pero en verdad es una necesidad a la que no resiste. Y sigue contándome cómo se imagina el regreso de su hermano, la alegría de su mamá. La vida.

—¿Cómo le hiciste para continuar? ¿Recibiste ayuda psicológica? ¿Te sirvió sentir el amor de tanta gente?

—Las dos cosas. La ayuda psicológica, de hecho, me llevó a darme cuenta que tenía otros problemas en la vida, además del secuestro de mi hermano.

Que es como si nos dijera:
No sólo soy el hermano de un secuestrado.
Soy joven, estoy creciendo, quiero vivir.
—He tenido que solucionar muchas cosas para no sumarlas a la carga que ya estaba llevando.
—¿Y estás bien, dentro de lo bien que puedes estar?
—(Silencio). Yo creo que sí. Después de estos años yo creo que sí... —responde Richi. Aunque su voz se quiebra.
—¿Qué recuerdas del tiempo antes de su secuestro?
—(Silencio). Fíjate que Roy, los últimos meses, se empezó a comportar conmigo como mi papá.
—¿Como un hermano mayor?
—No, no. Como mi papá. No me dejaba decir maldiciones, se molestaba si me veía con una cerveza...
Y yo imagino a Roy cuidando tanto a Richi y guardo un nudo detrás de la garganta.
Me ahogo por un instante.
Como deberíamos ahogarnos todos, todas.
Ahogarse México.
Guardar este minuto de silencio por esta tragedia inmensa.
—Pero las últimas semanas —me sigue contando Richi—, cuando ya estábamos en las fechas de Navidad, cambió. Fue algo increíble que me hubiera gustado que durara toda la vida. Y que, de hecho, creo que iba a durar mucho tiempo.
—¿Ya se trataban de igual a igual?
—Más que eso: nos hicimos amigos. Las últimas semanas me hablaba al celular para decirme: ¿Qué onda wey, cómo estás? ¿Paso por ti? Vamos con esos

batos a echarnos unas chelas... Claro, le decía yo. Y me sentía feliz.

—¿Y por qué ese cambio?

—Tal vez por las fechas en las que estábamos. Era Navidad, él ya tenía 18 años, ya había dejado de ser puberto... La verdad es que siempre fue muy maduro. Lidió con el divorcio de mis padres. Cargó solo con eso. Y al momento de poner todo en orden, creo que se dio cuenta que conmigo no se estaba relacionado como si yo fuera alguien buena onda, alguien con quien podía estar. Y me dejó de tratar como si fuera mi papá.

—Qué maravilla que tuvieron ese tiempo, ¿no?

—Sí, fue algo increíble, pero duró apenas unas semanas.

Respiro. Cojo aire. Le digo a Richi que lo que ha vivido me parece de una injusticia arrolladora y le digo a Richi que creo que lo que él ya sabe nosotros tardaremos todavía muchos años en aprenderlo.

Quisiera no tener que decírselo, pero se lo pregunto así:

—¿Tienes la sensación de haber aprendido lo que sí es importante en la vida? Tú sí sabes lo que es la neta, ¿no?

—Sí (silencio). Claro que sí. Fíjate que yo tengo dos mejores amigos que son hermanos y muchas veces les he dicho que si se están peleando (por cosas tan tontas como: wey, párate a apagar el foco) a mí me duele. Ahora que me tocó vivir esto y sé lo que se siente, me duele mucho ver cómo se desprecian algunos hermanos entre ellos.

—¿Y no tienes la sensación de saber de más? ¿De ser más viejito de lo que eres?

—Aparte de saber más de los que tienen mi edad, las personas que me conocen bien siempre me dicen que cambié. Soy alguien diferente a quien era antes del secuestro de Roy.

—¿En qué cambiaste?

—Cambié en el carácter. Soy más gruñón, soy más mamón, siento que me afectó hasta en la cara... Me dicen que trato de parecerme a Roy.

—¿Y sí?

—Pues yo no siento que me quiera parecer a él. Pero la ropa y los perfumes que él usaba, que a mí nunca me gustaron, ahora me fascinan.

—¿Y sientes más miedo ahorita? ¿O miedo ya no tienes?

—Ahora sí, fíjate que siento miedo otra vez. Siento que cuatro años después quizás vuelvo a ser vulnerable... no sé... cuando recién pasó lo de Roy, esa noche, claro que sentí mucho miedo. Pero al siguiente día en lo que menos pensaba era en el miedo. Yo me acuerdo que cuando fuimos a dejar el rescate a la iglesia, yo le grité a la foto de Roy: ¡Ya vamos a ir por ti, wey! ¡No te apures, ahí vamos, ahí vamos! Y recuerdo que lo menos que sentí en ese momento fue miedo. Tal vez sea cierto que cuando ya te quitaron demasiado, dejas de temer.

—¿Y ahorita regresó el miedo?

—(Silencio). ¿Te refieres al miedo a las represalias?

—Sí.

—No, miedo a las represalias no tengo. A lo mejor lo que te digo está muy pendejo y muy sin cuidado, pero a mí ya me tuvieron enfrente y me patearon y me metieron a la base de la cama y se fueron corriendo de mi casa y me dejaron solo con mi mamá. Pero todo eso jamás nos va a poder detener, vamos a seguir buscando a Roy. A lo mejor nos vamos a cambiar de casa, de ciudad o de país. Pero siempre vamos a seguir buscando a Roy.

—Cuesta entenderlo. ¿Tú estás dispuesto a hacer todo eso o lo haces por tu mamá?

—No. Aquí no hay otra razón que nuestro Roy. Lo necesito en mi vida. Todavía siento que cuando él regrese me voy a desmayar, que volverá la alegría a mi casa, que estoy viviendo en un paréntesis que al parecer se ha convertido en mi realidad. Roy... Roy... Roy... No sé cómo explicarlo... Nada le gana a Roy. De hecho un pensamiento algo idiota, que no sé por qué tengo, quizás porque estoy medio wey, pero desde chiquito siempre he tenido una idea medio diabólica: si algún día me sucede algo, con Roy la hago para salir adelante. Roy es chingón. En Roy confío completamente...

(Richi llora, yo lloro. Esperamos.)

—¿Y perder esa seguridad que te daba Roy te ha debilitado o te ha hecho fuerte?

—Todo se ha ido acomodando de una forma muy extraña. Yo jamás había tenido pláticas con mi mamá como las que tengo ahora. Siempre supe que era una chingona por cómo se movía, cómo resolvía, qué amigos tan inteligentes tenía... pero nunca me había dado cuenta como ahora. Es difícil de entender y me gustaría que se pusieran en mis zapatos: Roy y yo éramos dos hombres, dos hermanos, e íbamos juntos a donde fuéramos... y eso sí me duele ahora. Ir solo. Pero el punto es que como yo siempre estuve con Roy, no tuve la oportunidad de conocer tanto a mi mamá. No sabía bien a bien quién era, cómo era. Pero la situación de ahora lo ha cambiado de todo. Mis papás están divorciados desde que yo tengo 12 años y la figura masculina de mi casa era mi hermano. Y cuando lo secuestran y sólo me quedo con mi mamá, empiezo a conocerla. Y la protección que yo sentía de Roy, como hermano mayor, ahora pasé a sentirla de mi mamá. De hecho, cuando llego a la casa chiflo esperando su silbido... Porque tenemos un chiflido que nos enseñaron desde chiquitos para que no nos perdiéramos. De modo que con mi mamá tenemos una relación distinta a la que teníamos cuando estaba Roy. Y esto es lo que me ha permitido tener una vida... o tratar de bien vivir, no sólo sobrevivir.

—¿Sufres mucho por ella?

—¿En cuanto a qué?

—Cómo se siente, cómo la tratan las autoridades...

—Sí, sufro mucho por mi mamá. De hecho, si a mí me preguntaran quién conocía más a Roy, diría que yo. Si a mí me preguntaran a quién le duele más Roy, diría que a mí. Pero viendo a mi mamá, viendo cómo llora a escondidas, cómo se parte la madre para buscarlo... yo digo: es algo verdaderamente increíble cómo sufre. De verdad, increíble. Cada vez que se levanta y sale a luchar y lucha contra quienes deberían estarnos ayudando... no sé cómo decirte, es...

—¿Estás muy enojado?

—A mí este México de ahora se me hace una mierda. Me da asco. Los gobernantes de México son lo peor de lo peor de lo peor. Si se me presenta una oportunidad, me voy de aquí.

—¿Estás muy enojado con México?

—Claro, México me quitó a Roy. Y me da asco saber que aunque hagamos todo por buscarlo, seguimos siendo los más vulnerables. Somos a los que pueden venir a chingar. Somos los que estamos haciendo el trabajo. Y a lo mejor estoy mal en decir estamos. Porque mi mamá es la que se levanta. Yo sólo soy como el ayudante.

—Bueno, pero a ti te toca construir tu vida, ¿no? Tienes que seguir. Apenas tienes 20 años.

—Fíjate que hasta ahorita lo estoy asumiendo. Durante los últimos años no he estado aquí, o sí he estado pero me ha valido madre... no sé cómo explicarlo.

—¿Dirías que la gente que convive contigo normalmente entiende la magnitud de tu dolor: los vecinos, los maestros, los compañeros?

—No. Claro que no. Tener a un hermano secuestrado, te convierte en el hermano del muerto. Y toda mi vida lo voy a ser. De mí deben decir cosas como: "Creo que a él le mataron a un hermano", "Creo que le desaparecieron a alguien".

—¿Ahora te has convertido en esa persona?

—Sí. Es algo que todos hacen. En cuanto saben de mi hermano, todos me tratan diferente.

—¿Y eso te molesta?

—Un chorro. A veces prefiero que no sepan que tengo un hermano secuestrado. Porque los pocos amigos con los que me he sentado a hablar de mi hermano, a contarles por qué tengo esta cicatriz, a decirles por qué no vive conmigo el hermano del que les platico, siempre acaban por decirme cosas como: "¿Voy a la tienda y te traigo algo?", "¿Te ayudo con tu mochila?"

—¿Y cómo te hacen sentir?

—Mal, muy mal. Sé que lo hacen para que todo me duela menos. Pero está cabrón que piensen: para que sufras menos, te traigo una cerveza. ¡Cómo! Si le cuento a alguien que tengo un hermano desaparecido es porque lo que quiero es contarlo, no su lástima. Sólo quiero que me entiendan. Que nos entiendan. Y me demuestran de una forma tan pendeja su empatía... Así hacemos todos, lo sé. Pero me duele.

—¿Preferirías que entendieran que no está tu hermano pero tú sí estás?

—Exacto. Porque yo aquí sigo. Y estoy tratando de vivir. Pero hasta con mis mejores amigos he pasado a ser el hermano de un muerto... Está muy cabrón.

—¿Y hay alguien que te trate normal, que lo entienda?

—Sí, los más cercanos a mí son los que entienden. A los que no me tengo que acoplar. Aunque todos, todos, cuando se habla de Roy, callan, cambian, dejan de hacer bromas. Extraño cuando le llamaban Flaco, Maruchan, Abuelo... todos los apodos que tenía, que eran muchos. De hecho, cuando alguien fallece se habla de él bonito, pero si está desaparecido: no.

—¿Ni siquiera los amigos de Roy?

—Pues cuando me ven me preguntan si se sabe algo. Es una pregunta muy pendeja y me dan ganas de voltear a verlos y decirles que se vayan a la mierda.

—¿Sientes que hay una parte de morbo?

—Sí, mucha. Me sorprende que incluso muchos amigos de Roy lo sientan. No entiendo por qué. Los de la Facultad son otra onda. Son increíbles. Tras el secuestro se acercaron a nosotros y se ganaron el respeto, el cariño y el amor de toda mi familia. Les estamos muy, muy agradecidos. Son una chingonada.

—¿Y los amigos de tu colonia?

—Pues todos sabían qué había pasado con Roy, pero no sabían de mí. Y ahora cuando voy a limpiar nuestra casa o a llevarme alguna cosa, casi casi me ven como una leyenda e inventan cosas, y me hacen comentarios muy incómodos como "Yo vi a Roy en una camioneta" o "¿Qué tan cierto es que te dispararon cuando entraron a la casa?"

—¿Y qué les dices?

—Pues que no fue así. Pero entonces se quedan esperando a que les cuente cómo fue.

—¿Como si todos tuvieran derecho a preguntarte sobre tu intimidad?

—Ajá, sobre la intimidad de mi familia. Mi hermano y yo teníamos muchos amigos y nos conocíamos con todos los chavos de la colonia, quizás por eso todos se atreven a preguntar.

—¿Y no te molesta que yo te pregunte? ¿Que todos queramos saber cómo está tu mamá? ¿Que se acerquen periodistas? ¿Que Roy se haya convertido casi como en un estandarte de los desaparecidos en México?

—No. Son cosas distintas. Fíjate que si yo no quiero contestar a según quién, esa persona inventa otra explicación: que Roy está fuera, que está en un rancho de los Estados Unidos, que vive en el Distrito Federal...

—¿Hay gente que no les cree?

—¡Claro! Y hay gente que, tal vez por hacernos sentir un poquito mejor, y con tal de ayudarnos, incluso cree haber visto a alguien parecido a Roy y quiere meterse en nuestro caso. Pero por hacer interesante su dato, se atreven a decirnos: Vi a Roy. No: Vi alguien que se parecía. No, no. Hay gente que nos dice que ve a Roy. En la calle, en los pasillos de la Facultad, en la colonia... Creen que eso nos ayuda, supongo. Pero no sé ni cómo comenzar a explicarte el daño que nos hacen.

—Tu día a día debe ser muy difícil.

—Sí.

—Porque no sólo se han llevado a Roy. ¿Dónde quedas tú? ¿Y tu mamá? ¿Tu familia? ¿Tu vida?

—Realmente, es muy difícil. Fíjate que cuando fui a la Caravana por la Paz a los Estados Unidos, me invitaron a hablar para explicar mi caso. Porque al principio fue mi mamá quien dio el testimonio nuestro, pero yo también quise contar el caso de Roy y le pedí permiso a mi mamá, y a mis 18 años conté en público lo que nos sucedió. Y cuando terminé de hablar me di cuenta de cuánta gente estaba llorando. Cuando me bajé del foro me abrazaban, me agarraban de las manos, me hacían oraciones. Y entonces pensé que podía darme a entender y ya en el camión comencé a escribir.

—¿Y tienes la fuerza para hacer esto?

—Pues descubrí que sí. Que conseguí poner a la gente en mis zapatos. Les pedí que cerraran los ojos, que entendieran paso por paso lo que ocurrió, les dije que eso le puede pasar a cualquiera y que estábamos haciendo todo aquello para que lo que nos había sucedido a nosotros no le sucediera a nadie más.

Y así fue como Richi, para entenderse, para entendernos, para entender a México, escribió algunas de las cosas que tiempo después ha contado su mamá en este libro. Como el final de la Operación Rastrillo:

Ring rrring rring rring... Sonó el teléfono dos días después.
—¿Bueno? —preguntó mi mamá con la voz temblorosa por el miedo a las llamadas de extorsión que nos hacían por la vida de mi hermano.
—Tenemos tres rescatados —informó el teniente—. Vengan a identificar por favor
—En este momento vamos para allá —afirmó mi mamá.
Llegamos a la Séptima Zona Militar, nos identificamos, pasamos a la sala de espera y después de casi una hora sale el militar con el reporte
—Dos varones y una mujer —exclamó el teniente—. Aquí tenemos sus fotografías, nadie se identificó con el nombre de Roy Rivera—. Chingada madre, pensé.
Ciertamente como afirmó el teniente, ninguno era mi carnal.
—¿Y éstos quiénes son? —preguntó mi mamá, desconcertada.
—Se están identificando como secuestrados.
—¿Pero y mi hijo? ¿Dónde está mi Roy?
—Lo siento señora, fue un "golpe" muy frustrante, nos estuvieron amenazando con tirarnos con el "lanza

papas"; estábamos interceptando sus conversaciones, pero no nos echamos para atrás, les dimos duro, unos se nos pelaron, agarramos a dos y rescatamos a tres, estaban justo donde marcaba el GPS del Nextel de su hijo; los rescatados afirman que se encontraban con más gente a la hora en que estaban secuestrados, los identificaban por el rescate que se pagaría por ellos, había uno que le decían el "Chevy", por él se pagaría un carro de ese tipo. También afirman que los separaron, que dos grupos de secuestrados se fueron de ahí, ellos se quedaron en un tejaban con veladoras a la muerte y escuchando canciones de rap alusivas a los Zetas; dicen no haber visto ningún rostro ya que todo el tiempo estuvieron vendados de los ojos.

Todos nos quedamos desconcertados, creíamos que eso sólo le pasaba a los de las películas, a las familias que tenían a los niños trabajando en la calle, no a nosotros, no a Roy; él estudiaba y trabajaba, cursaba el tercer semestre de la carrera de Ciencias del lenguaje en la Facultad de Filosofía y letras de la UANL.

Porque todo esto tiene que hacer Richi para seguir, vivo, al lado de su hermano Roy. Para seguir con vida. Para seguir aquí. Para hacernos entender que:

—Todo esto no es sólo sobre el secuestro de Roy, también sobre lo que nos sucedió después.

—¿En algún momento te has desesperado y has pedido que te volteen a ver a ti también, que no todo es Roy?

—Pues sí lo he hecho, pero siento que de chiflado. Cuando le he reclamado a mi mamá para decirle que yo también estoy. Pero la verdad lo he hecho como un niño que necesita atención. Porque yo estoy consciente que la función primordial de mi mamá es buscar a Roy y que en esa búsqueda se descuida un poco lo demás. Soy perfectamente consciente de eso.

Porque tuve que crecer en 24 horas, me dice Richi. Y cuando ella no está para hacerme de mamá yo tengo que suplirla, me dice Richi. No puedo esperar toda su atención, me dice Richi. Tengo que ayudarla. Ayudarnos. Ayudar a Roy. Pero claro que me he sentido solo, me dice. Claro que a veces le he reclamado que busque a Roy y me pierda a mí.

—¿Y luego te has de sentir muy culpable?

—Sí, luego siento horrible. Es como si peleara con Roy aunque Roy ya no esté. Porque yo vivo diario con Roy. Roy está en mi cuarto, en el pasillo, bajando las escaleras, en la sala, en la cocina... Es imposible no sentirlo, todo el tiempo, ahí. Dice mi mamá que cuando éramos niños parecíamos bailarinas cuando nos escuchaban correr en el piso de arriba (se ríe, me río). Y yo todavía hoy sigo escuchando esos pasos. De hecho, ayer mismo fui a la casa y me sentí un culpable y un mamón: por primera vez agarré su ropa y me la puse.

—¿La ropa de Roy?

—Sí. Ahorita traigo una camisa suya.

—¿Qué crees que va a pasar? Aparezca o no aparezca Roy, ¿qué les espera a ti y a tu familia?

—¿Qué nos espera? (Silencio). No... no... no puedo... siempre me imaginé el futuro, siempre supe qué quería o qué podía pasar. Pero tantos golpes que me ha dado la vida, tanto que me ha sacudido, me doy cuenta que cualquier cosa que espere del futuro no tiene por qué ocurrir. Todo se ha salido de control. Ya no está mi hermano. Y yo me quedé solo.
—¿Te dejaron solo?
—Solo, sí (llora, lloro, lloramos)
—¿Qué sientes hacia la gente que te hizo eso?
—Odio. No puedo sentir otra cosa. Lo he pensado miles de veces, miles de veces he tratado de tenerles un poquito de piedad, de compasión, de lástima. Pero no puedo perdonarlos. No hay cómo. No existe un algo en mí que me permita sentir algo que no sea odio. Me arrancaron mucho. Me hicieron tanto, tanto daño. Roy era mi cómplice y mi mejor amigo, no sólo mi hermano. (Silencio). Y el día que entraron a la casa y Roy les dijo que era el mayor, a mí me aventaron al piso con patadas, empujándome... e intenté acercarme lo más que pude a Roy porque lo estaban maltratando, intenté acercarme para estar con él; no podía ver, tenía la vista nublada de los cachazos, pero me acuerdo que agarré su pierna porque era lo único que tenía cerca, y mientras lo golpeaban yo lo abrazaba de una pierna. Y mientras lo pateaban sólo pude hacer algo muy pendejo, si tú quieres, algo que no significaba nada: besarle la pantorrilla. Era el único trozo que alcanzaba de su cuerpo. Y no, no puedo pensar en perdonarlos... me lo quitaron todo.
—¿Y a ti te perdonaste?

—¿Perdonar por qué?

—Por todas las cosas que te han de haber hecho sentir culpable: no ser el mayor, no haber podido salvar a tu mamá, no haber podido evitarlo...

—Más o menos. De día es más fácil, pero en las noches siento que agarro a Roy de la cara y le doy un beso y ahí es cuando me regaño a mí por no haberme metido por mi hermano. Cuando me preguntaron si yo era el mayor, me quedé callado y me golpearon y me golpearon y me golpearon. Creo que querían desmayarme. Usaban las armas como bates de beisbol, a los cachetazos. Y cuando sentí que me estaban levantando del piso fue cuando se escuchó el grito de Roy: Déjenlo, yo soy el mayor. Y yo no me metí para desmentirlo. Porque entonces se fueron contra de él y a mí me dejaron respirar. Y me fui gateando hasta donde estaba Roy, le abracé la pierna y pude besarlo. A mi mamá no la dejaron acercarse, cuando quiso zafarse la frenaron, la agarraron, le gritaron: Si no se tranquiliza vamos a matar a su niño aquí. Y empezaron a cortar cartucho.

—Es increíble que hayas vivido esto, Richi.

—Sí. Es algo muy cabrón de lo que nunca pensé que iba a salir vivo.

—¿Pensaste que ibas a morir?

—Sí.

—¿Y aprendiste qué es el miedo, Richi?

—El miedo es el amor a los demás. Porque miedo, miedo, miedo, yo sentía por ellos. Por mi mamá y por Roy.

—¿De verdad?

—Sí. Y cuando los criminales se fueron y no vimos a Roy, yo pensé que se había escapado, que estaba escondido. Y comenzamos a buscarlos por toda la casa. Vi mi habitación destruida completamente. Vi la habitación de mi mamá destruida, la habitación de Roy destruida, la sala destruida, la cocina destruida... Pero no ver a Roy, fue cuando verdaderamente el miedo se convirtió en terror. Ahí sí comenzaron mis gritos. No cuando entraron en la casa, no cuando me estaban golpeando. Sino cuando supe que Roy no estaba.

—¿Qué hiciste?

—Caí de rodillas y empecé a gritar y a gritar y mi mamá trataba de tranquilizarme, me decía que lo íbamos a recuperar...

—¿Y durante mucho tiempo pensaste que sí lo iban a recuperar?

—Sí. Y de hecho, aunque ahorita yo quiera pensar que está en un lugar mejor, aunque quiera pensar que no está vivo (porque no quiero ni imaginar cómo está, qué come, qué sueña, dónde camina), aunque sepa que es preferible no tener ninguna ilusión, no puedo evitarlo. Sólo puedo pensar que Roy sí está y sí va a regresar. Aunque me dedique a no pensar en eso.

—¿Dirías que vives siempre un poco enojado?

—Sí, porque siento que siempre me tratan como nos tratan cuando buscamos a Roy. Todo me parece ineficiente. México me parece ineficiente todo el tiempo.

—¿No confías nada en el país?

—Nada.

—¿Y qué haces el día del Grito, por ejemplo?

—Pues fíjate que... yo amo a México, lo amo. Pero no puedo dejar de gritar contra el mal gobierno. Me enferma la corrupción. Comprendo que hay muchos países corruptos, pero no creo que haya muchos tan descarados.

—¿Crees que algún día les van a hacer justicia a tu mamá y a ti?

—Sí, aunque no sé de qué forma. Pero mi mamá se merece algo bueno. Y además, yo ya entendí que lo que para nosotros es una desgracia para muchos ha sido una bendición. Porque mi mamá, aunque se escuche arrogante que yo lo diga, se convirtió en una persona que ayuda a los demás. Muchas familias han de sentir que gracias a dios nos pusieron en ese camino, que gracias a dios mi mamá está buscando no a Roy, no a un desaparecido ni a dos, sino a todos. Por eso siento que algo bueno tiene que salir de esa lucha. Que nos tiene que llegar algún tipo de justicia.

—¿Tú crees que también te vas a dedicar a esto o quieres que tu vida sea otra cosa?

—¿A buscar a Roy o a trabajar por los desaparecidos?

—Pues las dos.

—(Silencio). Creo que me voy a dedicar a esto, aunque como joven no puedo comprometerme a buscar siempre a los desaparecidos, porque no sé si pueda vivir así. Me hace mucho daño conocer tantos y tantos casos, todos me afectan. Pero nunca, nunca voy a dejar de buscar a mi hermano Roy.

—¿Quisieras dedicar tu vida a otra cosa?

—No sé. De mi mamá estoy aprendiendo mucho. Y sin duda alguna yo ayudaría a quien lo necesitara compartiendo lo que yo ya pasé. Pero a mi mamá sí no le veo final, ella sí va a luchar hasta que combata la última injusticia... Y probablemente yo también.

¿Y tú?

CAPÍTULO VIII
Roy Rivera, desaparecido

EDAD: 18 años
FECHA DE SECUESTRO: 11 de enero del 2011
CIUDAD DONDE FUE SECUESTRADO: San Nicolás de los Garza, Nuevo León.
SEÑAS PARTICULARES: Tiene un lunar bajo el ojo derecho, pestañas grandes, complexión delgada. Pelo quebrado.
ESTATURA: 1.68 m.

"No desapareció", dice su mamá, la señora Letty Hidalgo, "lo secuestraron". Y desde entonces no ha parado de buscarlo. Al hijo de la señora Hidalgo, Roy Rivera, lo secuestraron el 11 de enero de 2011 cuando unos hombres con chalecos de la policía de Escobedo se lo llevaron de la casa familiar tras un robo. Esto ocurrió en San Nicolás de los Garza, en el estado de Nuevo León. "¿Cuál es el mayor?", preguntaron los ladrones cuando ya se iban, y cuando nadie contestó, los criminales comenzaron a zarandear a Richi porque era más fornido. Y entonces su hermano Roy gritó: ¡Déjenlo, yo soy el mayor! Y se lo llevaron a la fuerza.

Desde entonces la señora Hidalgo no ha parado de buscarlo. Y cuando le pregunto cómo le ha hecho, me dice: "He aprendido a investigar entre todo el vocabulario rebuscado o inentendible de una averiguación previa. Marcho en todas las protestas que ha habido en mi estado y en la ciudad de México cada 10 de mayo. He hablado con el presidente municipal, con delegados de las diversas procuradurías, de las policías, de la Marina Armada, he tenido reuniones con el procurador de justicia de Nuevo León, reuniones de familias con el gobernador de Coahuila, el procurador, secretarios de gobierno nacionales y estatales, he tenido comunicación con procuradores de justicia nacionales y hasta he enviado cartas al presidente de México. También he cursado un diplomado en derechos humanos, talleres de derechos de las víctimas, talleres sobre desaparición forzada. He detenido en el Congreso la aprobación del primer remedo de la Ley de Víctimas de Nuevo León y denunciado las campañas de invisibilización de la violencia de parte del gobierno de Nuevo León en las redes sociales. Hemos tomado una plaza en Monterrey y la hemos renombrado como la Plaza de la Transparencia o Plaza de los Desaparecidos. Formo parte del Movimiento por la Paz. Recorrí con mi hijo Richi parte de Estados Unidos con la Caravana por la Paz. Y sigo".

La señora Hidalgo ha hablado con policías, federales, el Ejército y la Marina. No una, sino muchísimas veces. Y recuerda, especialmente, a una mujer de la Marina que se hacía llamar la 'Minina' —"porque en la Marina nadie se identifica con su nombre" —aclara que golpeándose la palma de una mano con el puño de la otra le dijo con voz alzada: "Usted nomás díganos dónde tienen a su hijo, vamos allá y reventamos". No querían buscarlo, sino pelear con sus secuestradores. "Son unos incompetentes", concluye la señora Hidalgo, "y además están locos".

Hasta el día de hoy, ella, con la ayuda de familiares, amigos y otros padres que buscan a sus hijos, ha encontrado dieciséis inmuebles donde Roy pudo estar retenido. Y a pesar de que el Ministerio Público Investigador sería el responsable de encontrarlo, "o cuando menos de buscarlo", dice la señora Hidalgo, "ellos únicamente investigan desde el escritorio". Y además, asegura, no tienen ninguna urgencia. "A la autoridad le vale madres", concluye, "o están tan coludidos que no se mueven".

Si usted ha visto a Roy Rivera, tiene alguna pista, o sabe algo de él o de lo que podría haber sucedido tras su secuestro, por favor comuníquese con su madre o su hermano a través de facebook o al teléfono 044 811 789 78 48 (de FUNDENL, Fuerzas Unidas por Nuestros Desaparecidos en Nuevo León). La información que proporcione será tratada con todo respeto y confidencialidad. Gracias.

EPÍLOGO I
Carta a Roy, de Letty Hidalgo

(A un año y medio de su desaparición)

Carta a Roy Rivera Hidalgo, Estudiante en la Fac. De Filosofía y Letras de la Carrera de Ciencias del Lenguaje de la UANL. A la edad de 18 años, secuestrado y aún desaparecido.

Te amo tanto mi niño.
Mi Niño: hoy te digo mi vida, que desde que tú no estás con nosotros, todo ha sido un desastre.
Que ¿por qué no me he muerto?, no lo sé, nadie lo sabe y mucha gente se lo pregunta, con el consabido "Eres muy fuerte, yo ya me hubiera muerto".
Pues al haberte arrancado de mi vida, me han dejado sólo la mitad de mi corazón, ¿cómo alguien puede lograr vivir así, con la mitad de un corazón?
Mi niño, ¿dónde estás? ¿Cuándo volverás? ¿Por qué no te puedo encontrar?

Déjame decirte que te estoy buscando y yo sé que tú sabes que te estoy buscando, pero estamos en México y esto es un desastre.

Desde que tú no estás, siempre cargo una fotografía tuya, pues desde hace un año y cinco meses es donde te puedo ver y creo que tú me ves.

Y todas las mañanas, tardes y noches siento como si esto fuera un sueño, un mal sueño y que voy a despertar y que esto no es real, por favor, ¡que alguien me despierte!

¿Por qué no fuimos ricos? ¿Por qué no fuimos hijos de las clases sociales o políticos más altos para que hubiéramos estado blindados fuertemente y esto nunca hubiera pasado?

¡Mi niño, mi niño! a todo el mundo le explico quiénes somos, quién eres, les cuento que tu abuelita te adora y que siempre te cuidaba y que si podía, impedía que hasta el aire te tocara. Que eres su orgullo, que te extraña tanto y que la tristeza la consume. Les digo que Richi está muy solo, que llora a escondidas en la noche para que nadie lo vea, sufriendo en silencio por tu ausencia y que tu papá tuvo que acudir al psiquiatra para que lo ayudara a continuar con la vida.

Veo tus fotos, tus libros, tu ropa, tu recámara y quiero pensar que ella aún tiene tu aroma.

Mi niño Roy, ¿dónde estás?

Quiero también decirte, que he conocido a muchos amigos y amigas tuyos de la escuela, quienes desde el primer día se hicieron presentes en nuestra vida, que no han dejado de preguntar por ti, que están al pendiente de tu regreso y que se han convertido en tus hermanos y aunque suene paradójico, con ellos se ha expandido la familia. Conozco ahora a Gabby, a Gera, a Elio, quien me ha dado ahora su testimonio de cómo ha sido culpa tuya que él haya regresado a las cosas de Dios, y más aún, que haya decidido ahora internarse en el seminario y todo por tu culpa, por tu ausencia, por esta tragedia.

También, hemos conocido a mucha más gente que te ama, la gran mayoría jóvenes, jóvenes como tú, quienes también te andan buscando y que me ayudan a gritar y a pedir justicia para que regreses. Me ayudan a vivir, pues con su apoyo me dan fuerza, me dan esperanza.

Tus amigos de la cuadra lloran por ti junto con Richi, pintaron un mural en la esquina mandándote en su mensaje: "Fuerza Roy", el día de tu cumpleaños; llegaron muchos allí y te encendieron unas veladoras enviándote también con ellas la Luz que necesites para encontrar el camino de regreso a casa, el camino de regreso a casa, a donde perteneces.

Sueño, sueño con ese día, con ese día en el que te vea cruzar el umbral de nuestra casa, en el día que regresas, que estarás un poco cambiado lo sé, que quizás ya no serás el mismo, lo sé, que quizás tengas el cabello ahora largo, más gordo, más flaco, no sé, pero que tus ojos serán los mismos, tus hermosos ojos... y le pido a Dios que les permita que me vuelvan a ver, que nos volvamos a ver, que nos abracemos y nos besemos tanto tanto, que yo, tal como lo sueño, te bese tu cara, tu cabeza, tus ojos, tu alma, tu corazón, y que nunca nunca más nos volvamos a separar.

¡Oh Dios! Sólo Él sabe que eso es lo que sueño, y que los sueños se cumplen y nos volveremos a ver.

¿Te cuento otra cosa mi niño?

También he conocido a Dios, (como dice Elio, por culpa tuya) ¡Ay, mi niño! Si vieras que diferente es, si vieras cómo deseo que también tú lo conozcas.

No es el mismo que yo te había enseñado, aquél al que le rezábamos cuando tú estabas pequeñito; claro, se le parece, pero no es el mismo.

Éste, a quien hoy conozco, en el que me he refugiado, me habla, me enseña, me da luz y me ha tendido sus manos para sostenerme y para sostenerte a ti.

En realidad, Él, sostiene a toda la familia, a tu familia, a tus tíos, tus tías, primos, primas, abuelitos y nos ha unido más en su amor.

¡Ah, mi niño! Cómo anhelo presentártelo...

A Él, yo le platico de ti, y ¿sabes?, le he dicho que no pudo haber escogido a un mejor niño que a ti para que yo y todos nosotros volteáramos a verlo y a reconocerlo, y que en Él, confiamos, en Él esperamos y en Él creemos.

Y por eso, estoy segura que el que ahora tú no estés, es porque Dios tiene un propósito para nuestras vidas, y como leí por allí alguna vez, "te arrancaron de mi lado, pero, nunca de nuestro corazón ni de nuestra memoria".

Hasta pronto mi niño, y no es que me despida, pues siempre andas conmigo, sólo te digo un hasta luego, un hasta pronto, hasta prontito, en cuanto vuelva agarrar la pluma para escribirte y quizás, cuando esto suceda, ya estarás aquí y la carta será muy distinta a ésta.

Te extraño mi niño, te extraño mucho, tu sonrisa, tu voz, tus ojos, nuestras pláticas serias, profundas, de risas, de planes, proyectos, de ilusiones. T*e* A*mo* con todo mi corazón mi niño.

Te Amo mucho mucho mucho.

Tu mamá.
L*etty* H*idalgo*
Monterrey, Nuevo León.
15 de junio de 2012

EPÍLOGO II
Carta a Roy, de Richi Rivera

(A dos años de su desaparición)

Dos añotes sin ti *brother*. ¿Qué hay de nuevo? ¿Novedades? No muchas. La gente sigue caminando sin rumbo, la mayoría no se preocupa por los desaparecidos, la gente está distanciada una de otra, el gobierno metió miedo y desconfianza, las fiestas siguen, la vida sigue.

¿La casa? ¿Qué te puedo decir? ¿Supiste que mi papá mejoró de su enfermedad? Sigue cocinando los camarones que tanto te gustan, el pescado que te enseñó le sigue quedando delicioso. Tiene sesiones con el psiquiatra porque siente que mucha de la culpa es de él por no haber estado ese día.

Mis abuelos siguen distanciados, de hecho mi abuelo volvió a cambiar de casa. Mi abuelita sigue metida en la religión, sigue con su librito de oraciones, ¿te acuerdas?

Sigue rezando con toda su fuerza, lo que cambió es que ahora lo hace con tu foto al lado, de hecho se puede decir que tu foto ya es parte de ese librito.

Y pues mi mamá... mi mamá cambió completamente. De hecho no creo que la reconozcas, parece como si un velo le cubriera la cara, se le nota la tristeza a la distancia. Es una guerrera incansable. Si supieras a cuantos alcaldes, delegados, agentes del MP, soldados, marinos, subdelegados, jefes de antisecuestros y ministeriales les ha gritado en su cara; si supieras hasta dónde ha llegado buscándote. Si conocieras a Indira, Chuy, Cordelia, Martín, Marcela, Diana, Óscar... amigos de lucha incansable, amigos que a pesar de no conocerte se desvelan, viajan, acompañan, ayudan a que regreses con bien. Si supieras el amor que mi madre les tiene...

¡Ojalá y estuvieras aquí wey! Hay momentos en que te necesito, en los que lloro solo, en los que quisiera que no hubieras abierto la boca cuando dijiste "¡Déjenlo, yo soy el mayor!", momentos en los cuales quisiera agarrarte a golpes por haberme dejado, momentos en los que voy a nuestra casa y siento como cuando te me aventabas arriba a hacerme cosquillas, momentos también en los que siento que me falta la mitad del corazón.

¿Yo? Pues qué te puedo decir... aún conservo la cicatriz de aquel cachazo que me dieron porque me quisiste ayudar, que de hecho no cicatriza; engordé como 20 kilos y tengo que ir a terapia todos los viernes, ya no hago deporte, repruebo la escuela. Y, por cierto, estoy estudiando Relaciones Internacionales y escogí estudiar el idioma italiano que tanto te gustaba.

Conocí a tus amigos de los Libres y Lokos y parece que me iré a Querétaro con ellos.

¡Pff! ¡2 años sin ti está bien cabrón, 2 años en los que trato de sonreír con el corazón desgajándose, 2 años sin escuchar tu voz! Wuauu, un chingo de tiempo, ¿no crees? Por cierto, ¿no has pensado en regresar? Está bien cabrón ver a mi mamá llorar por las noches wey, está bien cabrón verla hablar con fotos, está bien cabrón que mi papá haya perdido la esperanza; déjame decirte que nunca había visto llorar a mi abuelo y eso brother, eso está súper cabrón.

¡Weeey! Te va a dar un chingo de pena la foto tuya que mi mamá y sus amigos tienen de perfil, sales bien pinche feo, jaja. Y tú que querías pasar discretamente en todo, jajaja. Ya valiste porque ahora sales en un chingo de páginas de internet, periódicos, revistas, entrevistas... jajaja, qué oso, cabrón.

No sé qué será de ti, cómo estés, cómo te traten... pero ojalá y hasta donde estés te llegue este beso que te mando.

2 años sin ti, precioso, pero la búsqueda no para.
Fuerza Roy

Riccardo Ryvera, Hermano de Roy

EPÍLOGO III
Links que te pueden interesar

Si quieres saber más sobre Letty, Roy y Richi, encontrarás mucha información *online*.

Aparte, éstas son algunas de las personas e instituciones que están trabajando por la paz y que han sido mencionadas en este libro. Puedes encontrar más información sobre todas ellas, aquí:

FUNDEM. Fuerzas Unidas por Nuestros Desaparecidos en México
    Web: http://fundemdotcom.wordpress.com/about/
    Facebook: http://on.fb.me/1aXD6mF

FUNDENL. Fuerzas Unidas por Nuestros Desaparecidos en Nuevo León
    Web: http://fundenl.org/
    Facebook: http://on.fb.me/1C2lPVw

Por todos los desaparecidos. Nuestra Aparente Rendición
Web: http://bit.ly/1EvAcls

Nuestras hijas de regreso a casa
Dirigen: Norma Andrade y Marisela Ortiz
http://nuestrashijasderegresoacasa.blogspot.com.es/

Movimiento por la Paz con Justicia y Dignidad
Web: http://movimientoporlapaz.mx/
Facebook: http://on.fb.me/1tMoTAC

Nuestra Aparente Rendición
Web: http://nuestraaparenterendicion.com/
Facebook: http://on.fb.me/1x8TFR6

El estado de la República. Nuestra Aparente Rendición
Web: http://bit.ly/1wZn2Gg

Canto a su amor desaparecido. Nuestra Aparente Rendición
Web: http://bit.ly/18vBfDY

Tú y yo coincidimos en la noche terrible. Nuestra Aparente Rendición
Web: http://bit.ly/LtYCTu

Mapa de asociaciones por la paz. Nuestra Aparente Rendición
Web: http://bit.ly/1AWSKDP

Menos días aquí. Nuestra Aparente Rendición
   Web: http://bit.ly/10NHiRc

El grito más fuerte
   Web: http://elgritomasfuerte.com
   Facebook: http://on.fb.me/1BjG9zf

Periodistas de a pie
   Web: http://www.periodistasdeapie.org.mx
   Facebook: http://on.fb.me/1rdCHSL

Entre las cenizas. Red de Periodistas de a Pie
   Web: http://entrelascenizas.periodistasdeapie.org.mx

En el camino. Red de Periodistas de a Pie
   Web: http://enelcamino.periodistasdeapie.org.mx/

Sanjuana Martínez. Periodista de investigación
   Web: http://websanjuanamartinez.com.mx

PROVÍCTIMA. Procuraduría social de atención a las víctimas de delitos
   Web: http://www.provictima.gob.mx/memorial/index.php

Roy, desaparecido
de Lolita Bosch
se terminó de imprimir en mayo de 2015
en Programas Educativos, S. A. de C. V.
Calzada Chabacano 65-A Col. Asturias, C.P. 06850
México, D.F.

2116 ∅